知識複利筆記術：

卡片盒筆記法
的數位應用實戰指南

作者：朱騏

掃描 QRCode，獲得本書延伸學習內容

◎ Notion、Obsidian 實戰卡片盒筆記法教學影片

◎ 數位版個人知識管理流程圖

◎ 還有其他隱藏學習活動、社團與驚喜！

◎ 詳情請點擊網址查看：https://bit.ly/digital_zettelkasten

作者序

為什麼你值得學會卡片盒筆記法實戰？

作者：朱騏（卡片盒筆記專家、產品經理、專案技術寫手）

隨著《卡片盒筆記》繁中版在台灣上市，這個筆記／寫作方法開始被許多人討論，但究竟這個方法能帶給我們什麼好處呢？

寫卡片是一種手段，但我們最終想獲得的是想法的積累，最終產生一個體系化的知識認識，甚至更要產生行動。

■ 具體來說，這本書希望能夠幫助你：

- ● 工作：做工作上的深度研究，持續累積專業。
  - · 工作上的我們可能跟老闆學、同事學、自己查資料學，這些學習成果都可以寫成卡片，累積下來的成果就是自己在職場上的成長與體悟。
- ● 創作：使用卡片盒來幫助寫作，加速輸出。
  - · 一張卡片就是一個概念，1 個概念是一篇短文、3 個概念是一套圖卡、5 個概念是一篇長文、30 個概念是一本電子書，使用卡片寫作流程會加快非常多。

- 讀書：整理讀書筆記，找出跨領域的概念連結。
  - 每一張卡片都來自不同的思考場景與書籍，把不同卡片交錯放在一起，就可以形成跨知識領域的概念連結。

- 思考：累積自己的想法，幫助自己思考與解答問題。
  - 生活或是工作中，我們一定會遇到需要長時間思考的問題，小至下一份工作我該找哪一家公司、大至如何讓自己擁有一個幸福的人生，看 100 本書會 100 種不一樣的說法，但最後肯定要由自己選擇一種方式來回答問題、做出行動。

- 學習：連結新舊知識，將新學習的內容與已知知識做連結。
  - 能夠橫跨不同的學習來源整合知識，最終用自己的話闡述對一個主題知識的理解。 以上 5 點，都是我在 2021 至今使用 Obsidian 實作卡片盒筆記法時，親身得到的收穫。

■ 這本書適合給誰看 & 不適合給誰看？

這本書的內容，是從我在 Medium 上創作「Obsidian 使用教學系列文」的延伸。

但是，經過 1 年半的反覆驗證後，我大幅度調整自己的筆記 & 寫作工作流程。各位手上拿到的這本書，就是我簡化繁雜步驟與筆記格式後的成果。並且，這本書中使用的方法論，不再只能使用在 Obsidian 上，更是一套可以套用在不同數位筆記工具的系統。

在這本書中，偶爾我會示範使用 Obsidian 這款數位筆記軟體作

為實作卡片盒筆記法的工具。不過別擔心，就算你是使用其他的數位筆記軟體（例如 Evernote, Notion, Roam Research, Heptabase, Logseq, Tana, Craft…等），書中的方法論都是同樣適用的。

這本書適合給：

- 願意寫下個人想法的人
- 理解數位筆記基礎操作的人
- 想要提升思考品質、寫作靈感的人
- 想要管理自己的想法，以提供未來的自己思考素材的人
- 非常在意「產出」的人，有強烈的慾望想要打造個人成果的人（報告、文章、書籍）

這本書不適合給：

- 不喜歡花時間思考的人
- 看完書想立刻寫出爆文的人
- 完全沒聽過卡片盒筆記法的人
- 不喜歡打字寫作、排斥寫作的人
- 想要學習特定筆記軟體操作方式的人

書中的所有步驟都有案例示範、操作截圖，甚至是筆記流程圖，若還有不清楚的地方，歡迎來信討論：muhenry608@gmail.com

■ 如何閱讀這本書？

這本書分成 4 大部分

- Part I. 寫卡片： 將個人的思考精華寫在卡片上，此部分主要教你如何寫出一張永久卡片。
- Part II. 存卡片： 將寫好的卡存放到數位筆記中，此部分介紹如何管理卡片與其他數位筆記檔案。
- Part III. 用卡片： 將寫好的卡片拿出來寫成文章、系列文、甚至是一本自己的書，此部分介紹如何將卡片用在輸出上。
- 實戰案例：分別從「職場上班族」、「自媒體創作者」、「學生」、「老師」的場景出發，帶你走過如何用卡片盒筆記法提升知識產出的流程。

每個 Part 之間都有連貫性，並且利用每篇文章的「索引編號」，讓全書像是卡片盒一樣可以彼此串連，根據你對卡片盒筆記法的了解程度，閱讀順序建議是：

- 想從頭學習卡片盒筆記法的人： 從 Part I 依序閱讀
- 想了解如何管理大量卡片的人： 從 Part II 開始閱讀
- 想知道如何使用卡片輸出的人： 從 Part III 開始閱讀
- 想看卡片盒筆記法如何應用的人：從實戰案例開始閱讀

現在的我，迫不及待的想把關於「如何實際操作卡片盒筆記法」的一切都分享給你！準備好和我一起學習這套終身受用的筆記方法了嗎？

翻開下一頁，Let's Go！

《卡片盒筆記法的數位應用實戰指南》推薦序

推薦人：瓦基 閱讀前哨站站長

當今的社會，我們被浩如煙海的資訊環繞，如何在這片汪洋當中找到一片適合自己的陸地，成為了許多人的疑惑。我認為，《卡片盒筆記法的數位應用實戰指南》就像是一個指南針，幫助我們在資訊的洪流中找到自己的方向。

在認識這本書之前，我們需要先知道一段關於「卡片盒筆記法」的小故事。

卡片盒筆記法（zettelkasten）最初源是自於 20 世紀的德國社會學家尼古拉斯·魯曼（Niklas Luhmanns），在他的一生當中，他總共出版了 70 本書和 400 篇論文，探究的主題橫跨了多個跨學科領域：社會學、生物學、數學、電腦科學。而且，這些著作在當代學術界都佔有一席之地。他對知識的廣泛興趣、高產出的能力、源源不絕的洞見，全源自於他善用了卡片盒筆記法來進行研究和寫作。

可惜的是，礙於語言的關係，這套方法僅在德國學術圈內流傳，大多數的教學和討論都是以德文為主。一直要到了 2017 年，事情開始有了巨大的轉變。德國學者申克·艾倫斯（Sunke Ahrens）

率先出版了一本以全英文撰寫的《卡片盒筆記》（How to Take Smart Notes），用一種易於理解、旁徵博引的方式，全面性地介紹了卡片盒筆記法這套系統。

突然之間，這本書在網路上引起了爆炸式的討論，特別是在歐美各大筆記、學習和研究社群之間，卡片盒筆記成為了一個當紅的熱門關鍵字。從這個時候開始，全世界各地的人終於能夠借鑑魯曼教授的智慧。在我剛讀完英文版沒多久之後，台灣繁體中文版的《卡片盒筆記》就在 2022 年正式推出，我也重新閱讀了一次繁中版，並且大力推薦給自己的讀者和聽眾。

然而，就如同很多讀者之後給予我的回饋，這本書雖然讓人大有收穫，但總有一種「沒有搔到癢處」的感覺。這本書提到了很多「使用卡片盒筆記法可以獲得什麼好處」，但是卻缺乏了實戰上面的範例，讓讀者沒辦法在讀完之後直接跟著操作。

套用一個由管理思想家賽門·西尼克（Simon Sinek）提出的「黃金圈」理論來說，我們做任何一件事情的時候，必須知道三件事：「為什麼、如何做、做什麼」。《卡片盒筆記》這本書充分地說明了「為什麼」要使用卡片盒筆記法，燃起讀者的好奇心，驅使人們開始嘗試這套方法。但是在「如何做」和「做什麼」的部分只有點到為止，當讀者開始提筆練習時，遇到的困難和疑惑卻鮮少能從書中找到直接的答案。

現在，由朱騏撰寫的《卡片盒筆記法的數位應用實戰指南》就是直接幫我們解決「如何做」和「做什麼」的疑難雜症。它站在巨人的肩膀上，為我們提供了一種實用的操作模式，使我們能夠

跳出傳統的學習方法，打破傳統的思維框架，對資訊進行吸收、組織和產出。書中提出的卡片盒筆記系統，結構清晰，易於使用，讓我們能夠更有效地整理自己的知識和資訊。

關於吸收知識，在這本書中我們可以學到如何「寫卡片」。像是朱騏介紹的寫卡片三種方法，我自己在過去一年多來也經常運用，這些方法同時兼具了實用性和便利性，絕對是不容錯過的章節。透過具體的步驟、範例，你能夠學會如何有效吸收知識，並且轉化成屬於自己的卡片。

關於組織知識，書中解決了令最多讀者感到困惑的部分：「我該如何整理卡片？」透過暫存區、資料夾結構、索引編號…等實際的操作展示，我們可以快速學會把寫好的卡片「各就各位」，不再擔心將來找不到，或者擔心儲存卡片的結構太複雜。

關於產出知識，朱騏展示了時下最流行的「內容地圖」（Map of Content）概念，讓我們秉持著「以終為始」的心態，將自己吸收和組織過的知識，朝向產出的方向更邁進一步。透過內容地圖的指引，我們就可以有效且快速地寫出社群媒體貼文、部落格文章、書籍，甚至在未來製作成課程講義、演講文稿…等各種知識類型的產出成品。

所以，無論你是學生、老師、上班族、研究人員，或者是任何需要學習和創新的人，《卡片盒筆記法的數位應用實戰指南》都能帶給你幫助。你將學會如何在海量的資訊中找到自己的洞見、如何有效地存儲和回顧自己的學習經驗、如何將各種碎片化的知識整合成一個連貫的思維體系。這套方法將極大地提升我們的學

習效率和創新能力，使我們在任何領域都能夠發揮出最大的潛能。

在這個日新月異的世界中，我們需要不斷學習和創新以應對各種挑戰。這本書將會是你最好的夥伴，陪伴你走過這個充滿變革的世紀，幫助你成為一個更好的學習者、更好的思考者、更好的創新者。我衷心推薦這本書，並期待你在閱讀和練習的過程中得到啟發和喜悅。

《卡片盒筆記》原書作者
推薦序

申克・艾倫斯博士，《卡片盒筆記》作者

「這本書是朱騏對於使用 Obsidian 撰寫與組織筆記的個人見解，結構良好且圖文並茂。該書受到了 Zettelkasten 方法、大衛・艾倫的 GTD 系統等的啟發。如果你正在尋找如何建立自己的筆記系統的靈感，並希望看到豐富具體的例子，這本書是一個很好的起點。」

A well-structured and richly illustrated overview of Henry's personal take on writing and organizing notes in Obsidian. The book is informed by the Zettelkasten approach, David Allen's GTD system, and more. If you're looking for inspiration for your own note-taking system with plenty of concrete examples, this book is a great place to start.

目錄

Part II 存卡片

Part ▌▌▌ 用卡片

Part **IV** 卡片盒筆記法實戰案例

Part 一 寫卡片

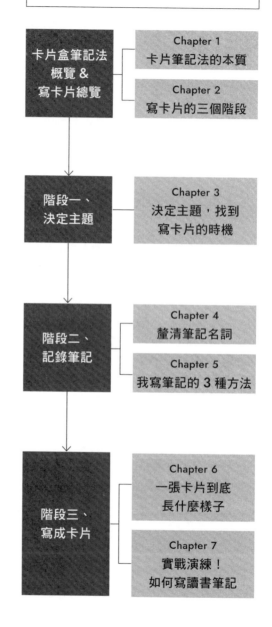

PART 1. 寫卡片

卡片盒筆記法
概覽 &
寫卡片總覽

Chapter 1
卡片筆記法的本質

Chapter 2
寫卡片的三個階段

階段一、
決定主題

Chapter 3
決定主題，找到
寫卡片的時機

階段二、
記錄筆記

Chapter 4
釐清筆記名詞

Chapter 5
我寫筆記的 3 種方法

階段三、
寫成卡片

Chapter 6
一張卡片到底
長什麼樣子

Chapter 7
實戰演練！
如何寫讀書筆記

01 卡片盒筆記法的本質：區分「筆記」和「想法」

在深入瞭解卡片盒筆記法之前，我們要先知道它跟一般的筆記方法有什麼不同。關鍵差別在：

point | **卡片盒筆記法是記錄「想法」與「想法的串列」，而不是「筆記」。**

這裡有 3 個單字需要理解：

- 筆記
- 想法
- 想法的串列

我們先說明「筆記」與「想法」在定義上的的差異，再來說明「想法的串列」是什麼意思。

1-1. 「筆記」和「想法」的差異

在這裡，我們這樣定義：「筆記」是資訊的記錄，「想法」帶有自己的思考與感觸。

舉例來說，最近我在聽「得到」上的《傅佩榮的西方哲學課》，這門課從古希臘哲學（例如大家常聽到的蘇格拉底），一路介紹到現代哲學（例如尼采）。我會邊聽邊寫下記錄，這時候，在記錄「筆記」與「想法」時兩者的差異是：

● **筆記**：蘇格拉底說：「在對話中思考，我們可以透過對話來釐清事物的本質」。

● **想法**：「在對話中思考」這個觀念非常有用，因此我近期將寫筆記的方式改成「對話」的形式。在筆記中如何對話呢？其實就是「一問一答」的方式來寫筆記，我發現這樣可以幫助我透過回答問題的過程中，不斷的思考。

發現差異了嗎？

● 「筆記」通常只是我們將原文中的重點進行摘錄、畫線、重抄，只是記下我看到、聽到的資訊，幾乎不會有自己的想法在裡面。

● 「想法」則不同，除了記錄學習來源的重點之外，一定會加上自己的延伸思考，並且用自己的話重新說出來，用自己理解後的文字重新寫下來。

我們再來看 2 個例子。

例子 1. "大腦的思考模式" 筆記與想法

筆 記

大腦的思考模式分成發散模式與專注模式，我要嘗試看看在兩種模式轉換。

想 法

1. 大腦的思考模式有 2 種：發散模式與專注模式，能夠自在的轉換兩種思考模式，將對我們生活中的學習、解決問題很有幫助。

2. 專注模式很容易達成，認真想就好了！當我們碰到一個問題並開始思考時，大腦就會自動啟動成專注模式，試著思考答案來解決面前的難題。

3. 但多數時候我們想不到方法，可能的原因是根本就想錯了方向…因此要用發散模式讓腦中的想法四處繞一繞，換個方向思考就能找出答案。

4. 但問題是怎麼轉換成發散模式呢？跟專注模式不同，發散模式不是「想」著腦中要放鬆就能放鬆，因為只要自己有在「想」，腦袋就已經無法放鬆了！

5. 因此比較好的做法是：直接離開現場，去散散步、上上廁所、洗個澡、走路、做勞力活，都有助於啟動發散模式。關鍵是我要讓精神專注在身體的勞動上，這樣心思就會自

然的轉換到當下的活動，自然就不會去動腦「想」事情了。

6. 還有個可行做法是換種媒介學習，例如去看 YouTube 影片、去聽不同老師的教學，這些作法有助於我從不同的角度讓心智理解事情。

例子 2. "做產品" 筆記與想法

筆 記

替自己的產品代言、傳遞價值，產品創作者就是產品最好的背書人。

想 法

能夠不斷使用產品來傳遞價值、才能讓其他人相信這個產品真的好用，姑且我把這個行動稱作「替自己的產品代言」。

「替自己的產品代言」不能只用嘴巴說，還必須動手做出些成果。這讓我想到一個不錯的例子，例如中國 Flomo 筆記的產品經理：少楠，就用 Flomo 筆記捕捉自己的靈感，並把靈感發表成週更的《產品沈思錄》電子報。

想把產品發揚光大，產品創作者就是產品最好的背書人。

看出差異了嗎？

- **筆記**：只是簡單的資訊搬運。
- **想法**：一定會加入自己的思考與延伸，再用自己的話說出來。

在卡片盒筆記法中，最關鍵的不同就是，我們會把「想法」紀錄在卡片上，而非只是搬運資訊的筆記而且，並且要讓自己的「想法」可以被重複利用。

1-2. 想法的串列

紀錄自己的想法很棒，但隨著想法數量變多時會出現一個問題：難以管理！

例如我分別在不同的時間點讀到了 3 本跟「寫作」有關的書，並記錄想法如下：

年初 1 月	年中 6 月	年尾 12 月
清單文是一種有效傳達資訊的寫作方式。	善用清單文（Listicle）讓文章內容變得更容易閱讀。	清單文跟卡片盒筆記很有關係，它就是魯曼教授的索引筆記。

可以發現這 3 個想法都圍繞在「我對於清單文的理解」。但如果用傳統的筆記方法，這 3 個想法會散落在筆記軟體、筆記本的不同地方，無法凝聚成更具體的概念。

怎麼辦呢？這時候我們就必須學習「想法的串列」。

那「想法的串列」又是什麼呢？其實就是：

point

將一連串相似的想法（卡片）用清單列下來，相鄰排在一起的卡片因為概念相同，就會自動聚合出一個更明確的想法。

下面來看個例子。

這是我的卡片盒的其中一個想法串列 **3.1**，它包含了 3 個子串列：**3.1a**、**3.1b**、**3.1c**，每一個文字連結都代表 1 個想法（1 張卡片）。

- 3.1 Q-Journal 可以如何寫？
  - 3.1a 晨間日記是一種 Journal 方式
    - 3.1a1 每日日記要多寫人名，因為記人名就能記下事情的脈絡，思考行動和他人建立連結
      - 3.1a1a Q-我是否可以去做某個行動，和某個人建立連結？
      - 3.1a2 Q-感恩日記是什麼？
  - 3.1b 利用標竿管理的精神來寫日記
    - 3.1b1 寫日記時從小事情開始反思
  - 3.1c Q-曼陀羅九宮格法是什麼？
    - 3.1c1 Open Window 64 是一種九宮格目標管理法的變形
      - 3.1c1a 8+1 Framework 是個人要關注的 8 個面向
        - 3.1c1a1 執行 8+1 Framework 的方法是把這 8 個面向想像成是一個個的箱子，把日常中執行的任務依序放到這 8 個箱子中
      - 3.1c1b 8+1 Framework 讓我們具備「實驗」精神

PS. 關於如何實作想法串列，我會在「PART II. 存卡片」中詳細說明，這裡僅先示意「想法串列」的概念。

讓我們聚焦來看其中的一個子串列，下方 3.1a 這個串列裡包含了 4 個想法，但都是在講「寫日記細節」這件事情，所以他們被連結在同一個子串列中。

寫日記的細節

- 3.1 Q-Journal 可以如何寫？
  - 3.1a 晨間日記是一種 Journal 方式
    - 3.1a1 每日日記要多寫人名，因為記人名就能記下事情的脈絡，思考行動和他人建立連結
      - 3.1a1a 我是否可以去做某個行動，和某個人建立連結？
    - 3.1a2 Q-感恩日記是什麼？
  - 3.1b 利用標竿管理的精神來寫日記
    - 3.1b1 寫日記時從小事情開始反思
  - 3.1c QA-曼陀羅九宮格法是什麼？
    - 3.1c1 Open Window 64 是一種九宮格目標管理法的變形
      - 3.1c1a 8+1 Framework 是個人要關注的 8 個面向
        - 3.1c1a1 執行 8+1 Framework 的方法是把這 8 個面向想像成是一個個的箱子，把日常中執行的任務依序放到這 8 個箱子中
      - 3.1c1b 8+1 Framework 讓我們具備「實驗」精神
        - 3.1c1b1 8+1 Framework 對紀錄一點一滴的小改變，讓我們去體會生命中的變化

　　另外下方 3.1b 這個串列包含了 2 個想法，都是在講「日記與個人目標管理」這件事情，所以他們不會混在前面的子串列中，而是跟目標管理有關的這個串列放在一起。

日記與個人目標管理

- 3.1 Q-Journal 可以如何寫？
  - 3.1a 晨間日記是一種 Journal 方式
    - 3.1a1 每日日記要多寫人名，因為記人名就能記下事情的脈絡，思考行動和他人建立連結
      - 3.1a1a 我是否可以去做某個行動，和某個人建立連結？
    - 3.1a2 Q-感恩日記是什麼？
  - 3.1b 利用標竿管理的精神來寫日記
    - 3.1b1 寫日記時從小事情開始反思
  - 3.1c QA-曼陀羅九宮格法是什麼？
    - 3.1c1 Open Window 64 是一種九宮格目標管理法的變形
      - 3.1c1a 8+1 Framework 是個人要關注的 8 個面向
        - 3.1c1a1 執行 8+1 Framework 的方法是把這 8 個面向想像成是一個個的箱子，把日常中執行的任務依序放到這 8 個箱子中
      - 3.1c1b 8+1 Framework 讓我們具備「實驗」精神
        - 3.1c1b1 8+1 Framework 對紀錄一點一滴的小改變，讓我們去體會生命中的變化

最下方 3.1c 這個串列包含了 5 個想法，都是在講「日記與九宮格的關係」這件事情。這些想法可能是我在不同時間寫下的想法，但透過這樣的串列，相同主題的內容就被連結在了一起。

- 3.1b 利用標竿管理的精神來寫日記
  - 3.1b1 寫日記時從小事情開始反思
- 3.1c QA-曼陀羅九宮格法是什麼？
  - 3.1c1 Open Window 64 是一種九宮格目標管理法的變形
    - 3.1c1a 8+1 Framework 是個人要關注的 8 個面向
      - 3.1c1a1 執行 8+1 Framework 的方法是把這 8 個面向想像成是一個個的箱子，把日常中執行的任務依序放到這 8 個箱子中
    - 3.1c1b 8+1 Framework 讓我們具備「實驗」精神
      - 3.1c1b1 8+1 Framework 對紀錄一點一滴的小改變，讓我們去體會生命中的變化

→ 日記與九宮格的關係

總結一下為什麼我們需要學習「想法的串列」：

- **要解決的問題**：我們會在不同的時空背景寫下相近的想法，這些想法四散各地很難形成更具體的概念。
- **可以獲得的成果**：透過串列收攏不同時空背景的相近想法，進而形成更具體的概念。

在後面的章節我會一步步帶領大家列出自己的想法串列，實作如何在寫卡片、存卡片的過程有效整理，並且還能把想法串列寫成文章、甚至集結成系列文或是書籍。

但是，首先，我們要先來學習如何紀錄 1 個想法（即寫出第一張卡片）。

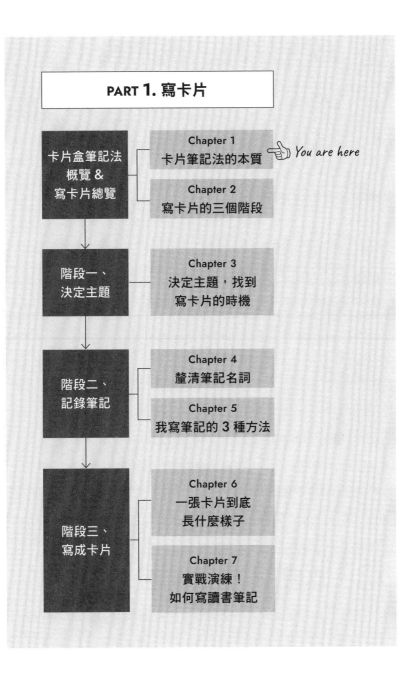

PART 1. 寫卡片

卡片盒筆記法 概覽 & 寫卡片總覽	**Chapter 1** 卡片筆記法的本質
	Chapter 2 寫卡片的三個階段
階段一、 決定主題	**Chapter 3** 決定主題，找到 寫卡片的時機
階段二、 記錄筆記	**Chapter 4** 釐清筆記名詞
	Chapter 5 我寫筆記的 3 種方法
階段三、 寫成卡片	**Chapter 6** 一張卡片到底 長什麼樣子
	Chapter 7 實戰演練！ 如何寫讀書筆記

You are here

○2 寫卡片的三個階段：
決定主題→記錄筆記→寫成卡片

我們現在在「Part I. 寫卡片」的階段，首先我們要先打好使用卡片盒筆記法的基礎，也就是先寫好一張卡片！

在寫卡片的過程中，我們會經歷三個階段：

- 決定主題
- 記錄筆記
- 寫成卡片

這邊我把「寫卡片」分成了三個階段、五個技巧，會在接下來「寫卡片」的這個章節一一展開，一開始，我們先快速概覽這三大階段的核心內容，讓大家掌握方向，再來深究裡面的特殊技巧。

2-1. 階段一：決定主題

剛使用卡片盒筆記法的人都會碰到一個難題：到底看到什麼樣的資訊，才需要寫卡片？

如果心中沒有鎖定的主題，我們會把所有聽到、看到的內容全部都記錄下來，結果把時間都放在搬運資訊。

在接下來的「03. 決定主題」中，我會分享簡單的判斷原則，讓你可以清楚決定哪些資訊要寫成卡片、哪些資訊不要寫。

畢竟，當我們的卡片盒裡如果充斥了一大堆只是複製貼上的筆記，不僅浪費我們的整理時間，最後可能還無法串連成真正對自己有效的產出。

2-2. 階段二：記錄筆記

決定了主題之後，就能開始寫卡片了嗎？答案是：還沒，我們要先記錄「筆記」。

先寫下自己覺得重要的「資訊（筆記）」，再進一步與自己的經驗做連結，最後寫成「卡片」。

雖然前面分辨了「筆記」與「想法」的不同，但這並非表示不能做資訊筆記，反而很多時候，我們會先經過資訊筆記的階段，然後經過有技巧的梳理與連結，才能產生自己最有效的想法，成為真正的「卡片」。

這個部分非常關鍵，他是一個漸進修改的過程，很多時候我們太急於寫下「卡片」，反而可能顧此失彼。很多朋友在實踐卡片盒筆記法的時候，忽略了這個過渡的過程，於是沒辦法體驗到卡片盒筆記法真正提升知識生產力的魅力。

31

在階段二，我會利用「04、05」兩篇技巧，介紹 3 種我常用的筆記方法：HQ&A 筆記法、漸進式總結與 Luhmannian bibliographical Card，幫我們順利完成這個過渡過程。

2-3. 階段三：寫成卡片

直到這個階段，我們才會將與自己有共鳴的想法記錄在卡片上，我會在接下來的「06、07」兩篇文章中分享最後寫成卡片的技巧。

這個階段要掌握的是「一張卡片的格式」。申克博士在《卡片盒筆記》中提到「標準化的概念」：

> point
>
> 當我們把資訊固定丟到一個模板中，我們可以在標準化的框架中安排內容，這樣對於其他的作業環節（例如排版、編輯）都可以標準化處理，這樣就能加快處理速度。

那麼，「一張卡片的格式」長什麼樣子呀？

我會分享目前找到最有效、也是最簡單的卡片記錄格式，一步步帶你寫下 1 張正確的卡片。

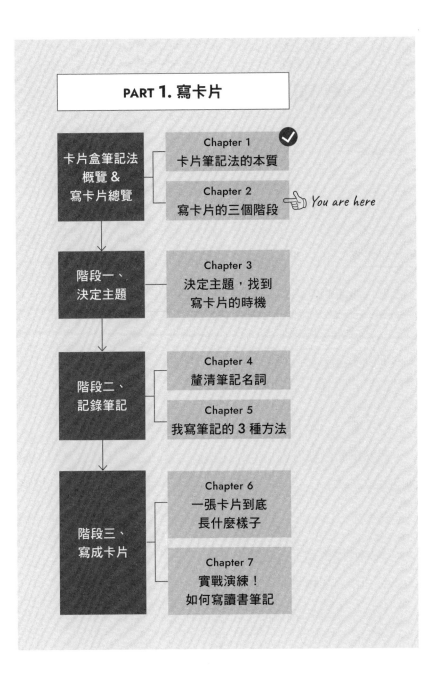

PART 1. 寫卡片

卡片盒筆記法
概覽 &
寫卡片總覽

Chapter 1 ✓
卡片筆記法的本質

Chapter 2
寫卡片的三個階段 — *You are here*

階段一、
決定主題

Chapter 3
決定主題，找到
寫卡片的時機

階段二、
記錄筆記

Chapter 4
釐清筆記名詞

Chapter 5
我寫筆記的 3 種方法

階段三、
寫成卡片

Chapter 6
一張卡片到底
長什麼樣子

Chapter 7
實戰演練！
如何寫讀書筆記

◎3 【階段一】決定主題，
　　找到寫卡片的時機

剛學習卡片盒筆記法的人都會碰到同樣的問題：我如何知道哪些資訊要寫成卡片？

這個章節我們會講 2 個重點：

- 「寫卡片」的判斷原則。
- 如何找出自己在意的事情？

3-1.「寫卡片」的判斷原則

一個簡單的判斷原則：問自己 2 個問題，只要能回答其中 1 題就可以寫卡片。

分別是：

- 我為什麼要寫下這個想法？
- 我可以拿這則資訊做什麼？

point | # 如果回答不出來，表示現階段不需要寫成卡片，請直接放棄要記錄的念頭與衝動。

例如，我現在在軟體業工作，因此像是生物學、文學的資訊我就不太在意，我可能會有興趣去閱讀，看到有趣的文章也會學習一下，但因為我確實無法明確回答自己為什麼要整理各種文學流派？也無法明確連結某個生物知識可以用在我的什麼需求上？這時候，我可能看了開心，但我就不會寫成卡片。

但很多時候，要我們把資訊跟自己的需求連結，可能很多人覺得難以判斷，只是覺得這個資訊好像有用，但真的要說有什麼用，一時之間也無法回答，這時候怎麼辦呢？

如果不確定這個資訊到底有沒有用，又覺得好像很重要，這時候可以這樣做：

point | # 你可以提高一個維度，從對自己的決策、行動、人生價值觀有沒有影響來判斷。

例如：我看到蘇格拉底的「知德合一論」，剛開始看到會覺得跟自己沒什麼關係。

但如果拉高維度，我想到：「知道不等於能做到，因此人必須要多實踐學到的東西。」這時候我拉高到對自己未來行動決策的某種提醒，這樣的理解就值得寫卡片。

例如下方是我對「知德合一論」所寫下的卡片：

知德合一論

　　這裡的「知」是指對「德行」的知道與認識。他認為：「如果你知道德行的意義，那你就不會使壞，而會想要去做有德的事情，而如果你還是使壞，這其實代表你對「知」並不真的了解得很清楚。」

再看一次判斷原則：

1. 我為什麼要寫下這則想法？
2. 我可以拿這則資訊應用在哪裡？

只要能回答其中 1 題就可以寫卡片。

3-2. 如何找出自己在意的事情？

　　上方提到了寫卡片前，可以先問自己的 2 個重要問題，幫助自己判斷要不要寫，也幫助自己寫下自己「在意」的想法。

　　那我們會對什麼事情「在意」呢？其實不外乎就 3 大類：

- **專業**：我現在做的工作中，會使用到哪些專業技能？
- **興趣**：我的生活中，對哪些事物是感興趣且想學習的？
- **人生價值觀**：指引我做出判斷、做出行動的重要原則有哪些？

下面依序說明。

■ 專業

例子 1. 朱騏

> 拿我自己作為例子。下方是我的專業背景：
>
> ● 目前在區塊鏈 SaaS（Software as a Service）公司工作
> ● 接觸的產品是「支付（Payment）」類產品
> ● 主要工作是寫團隊的對內、對外產品技術文件。

> 因此，在專業上我「在意」的資訊有：
>
> ● SaaS
> ● 區塊鏈
> ● 支付產品
> ● 技術寫作
> ● 寫作
> ● 產品管理
> ● 專案管理

例子 2. 影像處理硬體工程師

我曾訪談一位影像處理硬體工程師，
他在工作上在意的資訊有：

- ICP（Image Sensor Processor）
- 光學
- 鏡頭
- 光圈
- 快門
- ISO
- 曝光

例子 3. 行銷人員

另外一位我的行銷朋友，他在意的資訊可能有：

- SEO（搜尋引擎優化）
- Google Analytics
- 文案寫作
- 粉絲團管理
- 社群經營
- 付費廣告操作
- 聯盟行銷
- 電子報 eDM
- 影音操作

每個人在工作上「在意」的內容一定都不相同，因此只要找出工作上常接觸的關鍵技能，就能鎖定我們需要在意的資訊。

這裡教大家一個小技巧：**使用人力銀行網站（例如 104 人力銀行、Yourator、CakeResume）搜尋你的職位，看看你的工作敘述是怎麼寫的，上面的內容就是工作的關鍵技能。**

以「品牌行銷企劃」這個職位舉例，104 人力銀行是這樣寫的：

- 行銷製作物規劃與執行
- 品牌行銷管理
- 異業合作規劃與執行
- 提案與簡報技巧
- 實體活動規劃與執行
- 網站企劃能力
- 網路活動規劃與執行
- 社群媒體經營管理
- …

這些就是所謂的專業「關鍵字」，把他們記錄下來吧！

未來在網路、書籍、聊天、Podcast、線上課程、YouTube…上看到相關資訊，就是值得寫卡片的時候了。

■ 興趣

那「興趣」的關鍵字該怎麼找呢？跟上方的方式大同小異，主要

是問自己：**我最近在關注什麼、我對什麼事情有興趣想要深入研究。**

例子 1.　朱騏

以我自己為例，我喜歡：

- Obsidian
- 卡片盒筆記法
- 個人知識管理
- 時間管理
- 數位生產力軟體
- 閱讀
- 攝影
- 網路寫作
- 魔術

以上的內容都是我想要持續精進的興趣。

例子 2.　硬體工程師 Otis

我的好朋友 Otis 他雖然是硬體工程師，興趣是：

- 投資（期貨、選擇權）
- 手沖精品咖啡

- 攝影
- 魔術
- 研究車子性能
- 浮潛
- 調酒

例子 3. Android 工程師 Fish

我的前公司同事 Fish 是一位 Android 工程師,興趣是:

- 手沖咖啡
- 騎公路自行車
- 馬拉松
- 游泳
- 研究車子性能

一個人肯定都會有多元的興趣,這些興趣也是你可以寫下卡片的內容。

但你可能會問:「那我喜歡看 Netflix、打 PS5,這種一般人覺得是耍廢、我自己也只是想要消耗時間的興趣,也需要寫卡片嗎?」

我的答案是:看你對興趣的態度如何,你有深入研究的打算嗎?

- 如果有：你是認真的想要研究，例如你想比較 Netflix 上針對「鬼片」對於不同國家的文化影響、或是想了解這 5 年來 MMORPG 的大作與遊戲機制的比較，那你就可以寫卡片深入研究

- 如果沒有：不需要寫卡片，因為這些只是「放鬆」的娛樂而已，你沒有想要特別鑽研，就別花力氣了好好享受吧！

■ 人生價值觀

在我們的生活中，有某些「大問題」會不斷的困擾著我們。例如：

- 如何做出好決定？
- 如何面對死亡？
- 幸福的人生到底長什麼樣子？

這些問題我想你也可能想過，但由於問題太大、太不明確，因此也沒放在心上。

現在我們有了卡片盒筆記法這個工具，雖然不能馬上找到這些問題的答案，但能透過寫卡片逐漸累積「想法」，最後自己給出一個答案。

除了上面提到的 3 個問題，還有：

- 如何維持和諧的家庭關係？
- 如何處理自己的嫉妒心態？
- 生活與工作如何維持平衡？

- 我的人生到底有哪些值得追尋的東西？
- 如何面對人生中的變化？
- …

這些問題都跟自己息息相關，但沒有一個人能直接告訴我們答案。

為什麼？因為每個人的生活環境、成長背景都不相同。他認為很有用的價值觀，放在我的身上可能根本沒法用。

怎麼辦？先把這些問題列在一則筆記中，未來看到跟這些問題相關的資訊，就代表我們該寫下卡片了。

3-3. 依據你的專業、興趣、人生價值觀來寫卡片

所以，寫卡片的主要範疇其實有 3 個：

- **專業**：跟自己專業相關的資訊，基本上都可以寫卡片；如果對自己的決策、行動能有幫助的，也可以寫卡片。
- **興趣**：你有深入研究的打算嗎？如果有，可以寫卡片；如果沒有，就當消遣就好。
- **人生價值觀**：資訊跟你在意的問題相關嗎？如果有，寫成卡片慢慢累積想法；如果沒有，看過去就好。

卡片盒筆記法小練習

現在，本書讀到這邊，我要邀請你先開始做一個簡單的練習，啟動寫出卡片盒筆記法的關鍵一步。

請找出你在「專業」、「興趣」與「人生價值觀」上需要關注的關鍵字，各列出 3 個關鍵字（共 9 個）

1. 專業： 請上人力網站（104,1111,Yourator,LinkedIn,Meet.job）輸入你的職位名稱，看看職位敘述上列出的職業技能是什麼。

2. 興趣： 請寫下你近期喜歡做、想要深入了解的興趣。

 Note

這個小練習會影響到後面的閱讀體驗，沒有列出這些關鍵字，我保證後續寫卡片的效果一定極差，請完成這個小練習再繼續閱讀本書。

檢核點：練習的產出格式為

● **專業**

- ○○○
- XXX
- □□□

● **興趣**

- ○○○

- XXX
- □□□

● 人生價值觀

- ○○○
- XXX
- □□□

請完成練習後，再繼續往下閱讀吧！

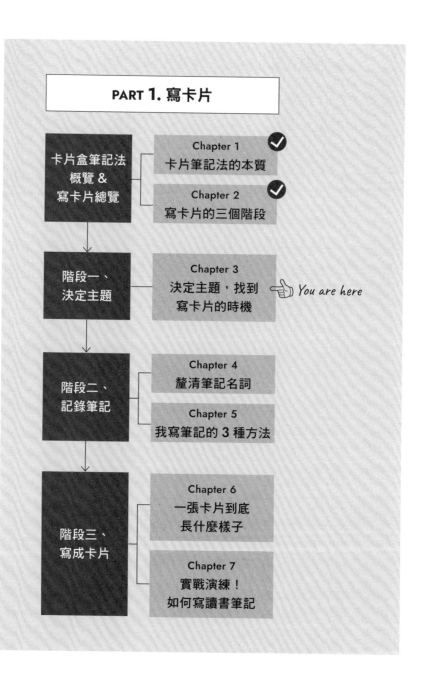

PART 1. 寫卡片

| 卡片盒筆記法 概覽 & 寫卡片總覽 | Chapter 1 ✓ 卡片筆記法的本質 |
| | Chapter 2 ✓ 寫卡片的三個階段 |

| 階段一、 決定主題 | Chapter 3 決定主題，找到 寫卡片的時機 → You are here |

| 階段二、 記錄筆記 | Chapter 4 釐清筆記名詞 |
| | Chapter 5 我寫筆記的 3 種方法 |

| 階段三、 寫成卡片 | Chapter 6 一張卡片到底 長什麼樣子 |
| | Chapter 7 實戰演練！ 如何寫讀書筆記 |

○4【階段二】
記錄筆記（1）：釐清筆記名詞

知道了自己該對哪些主題寫卡片之後，接下來我們來看看寫卡片的前置步驟：記錄筆記。

4-1. 為什麼需要記錄筆記，而不直接寫卡片就好？

這裡講的「筆記」，是指不帶有（或是很少）自己的想法，只是單純將自己認為重要的資訊摘抄下來。

簡單說就是「資訊的搬運工」，你只是把知識從書中、影片中、課程中、Podcast 中、人家講的話中，移動到自己的筆記本或電腦檔案上罷了。

這聽起來很負面，那為什麼還需要特別花章節講解「如何寫筆記」呢？

主要原因是：多數時候，我們很難直接將閱讀到的資訊與自己

的想法產生連結。但是，沒有自己的想法，就沒辦法寫出品質內容高的卡片。

所以，這需要一個不斷發展筆記的漸進過程，來完成最終高品質的卡片。「記錄筆記」將分成 2 篇文章「04、05」說明：

- 04：釐清卡片盒筆記法中的筆記名詞
- 05：我寫筆記的 3 種方法

這個章節先來釐清卡片盒筆記法中的筆記名詞。

4-2. 卡片盒筆記法中的四種筆記名詞

在《卡片盒筆記》中，申克博士提到了 4 種筆記[1]。

- **靈感筆記（Fleeting note）**：你必須隨身攜帶書寫的工具，把腦袋裡冒出來的每個想法都記下來。
- **文獻筆記（Literature note）**：每當你讀到什麼，要針對讀到的內容加以筆記。
- **永久筆記（Permanent note）**：將靈感筆記重新組織、整理、連結過後的筆記，通常是一個邏輯完整的段落。
- **專案筆記（Project-related note）**：跟某個特定專案有關的筆記。

許多人看完書後，雖然知道了這 4 個名詞，但對於彼此的關係並不清楚、也不知道為什麼要區分這 4 種名詞，因此我在下方為大家舉出更多的案例與解釋。

4-3. 四個《卡片盒筆記》的重要概念

下面是我在分享卡片盒筆記法時，發現多數人容易搞錯的觀念：

- 概念 1：用「來源筆記」這個名詞更好理解
- 概念 2：「靈感筆記」也是一種「來源筆記」
- 概念 3：永久筆記（或稱為永久卡片），其實就是本書不斷在講的「卡片」。
- 概念 4：專案筆記是帶有強烈目的與時間性的產出，例如部落格文章、系列文章、電子書籍、學術論文、工作報告。

■ 概念一：用「來源筆記」這個名詞更好理解

在《卡片盒筆記》中，申克博士用「靈感筆記」與「文獻筆記」介紹隨手記錄的筆記，但我認為用「來源筆記（Source note）」來理解更容易懂。

「文獻筆記」的名稱脈絡，很大原因跟魯曼博士（Niklas Luhmann）、申克博士（Sunke Ahrens）的職業（教授）和學習來源（學術論文）有關。

問題是一般大眾的資訊來源很少是「學術論文」，更多來自網路文章、實體書籍、電子書籍、社群網路。

因此，我更喜歡直接稱呼為「來源筆記（Source notes）」，清楚好懂。

■ 概念二：「靈感筆記」也是一種「來源筆記」

延續概念一。

這樣想的話，是不是連 Fleeting note（靈感筆記）都可以想成是「來源筆記」呢？因為「靈感筆記」寫下的場景可能是：

- 洗澡時的靈光一閃
- 跟人對話時的靈光一閃
- 走在路上突然靈光一閃

這種「腦袋突然想到某些事情」而寫下來的筆記，都稱為「靈感筆記」。資訊來源是我們的「大腦」，這也算是一種來源，對吧？

所以，這裡建議我們用「來源筆記」，稱呼所有 " 對資訊來源所做的筆記 "，單純把資訊筆記下來，無論資訊來自論文、書籍、網路、大腦，這樣大家更好理解。

■ 概念三：永久筆記（或稱為永久卡片），其實就是真正的「卡片」

為了方便溝通，在這本書中我不會用「永久筆記」這個名詞，而是用「永久卡片／卡片」。

「永久卡片／卡片」就是能夠被我們重複利用的想法，這些想法被打成文字存放在數位筆記軟體中。

永久筆記、永久卡片、卡片這三個名詞時常被交叉使用，但都是指同樣的概念。

■ 概念四：專案筆記是帶有強烈目的與時間性的產出

多數人都不太清楚「專案筆記」的功能。你可以這樣想：

「專案筆記」是「為了完成輸出（Output）／產出」所做的筆記。

例子有

- 部落格文章
- 系列文章
- 電子書籍
- 學術論文
- 工作報告
- …

專案筆記是為了「輸出／產出」而存在。

我在「Part III」提到的 MOC（Map of Content）就屬於一種專案筆記。關於 MOC 的概念與功能我會在本書的 Part III 提及，這裡先不展開。

[1] 參考申克・艾倫斯（2022）。《卡片盒筆記：最高效思考筆記術，德國教授超強秘技，促進寫作、學習與思考，使你洞見源源不斷，成為專家》。台北市：遠流

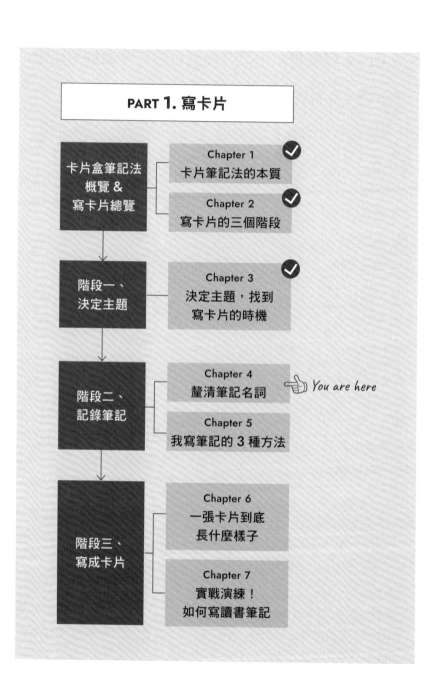

PART **1.** 寫卡片

| 卡片盒筆記法 概覽 & 寫卡片總覽 | Chapter 1 卡片筆記法的本質 ✓ |
| | Chapter 2 寫卡片的三個階段 ✓ |

| 階段一、 決定主題 | Chapter 3 決定主題，找到 寫卡片的時機 ✓ |

| 階段二、 記錄筆記 | Chapter 4 釐清筆記名詞 👉 *You are here* |
| | Chapter 5 我寫筆記的 3 種方法 |

| 階段三、 寫成卡片 | Chapter 6 一張卡片到底 長什麼樣子 |
| | Chapter 7 實戰演練！ 如何寫讀書筆記 |

05 【階段二】 記錄筆記（2）：我寫筆記 的三種方法

這個章節專門來講「寫筆記」的方法。

「筆記」的形式有成千上萬種，例如：

- 康乃爾筆記法
- 麥肯錫筆記法
- 金字塔流程圖筆記法
- 商業模式畫布
- 故事圖
- 全腦思考圖表
- 曼陀羅九宮格筆記法
- …

肯定還有千奇百怪的筆記法我不知道。這麼多的筆記法，到底該選哪一個呢？

直接說結論：選哪一個都可以，因為我們的目標是要「寫卡片」，

所有的筆記形式都只是轉換成卡片的過渡階段。

「寫筆記」只是為了把學習的資訊源梳理清楚、好看懂，方便自己下一步可以結合個人想法，最終寫成卡片。

如果你已經有上手的筆記法，可以直接跳過這個章節。如果沒有的話，下面我介紹自己的筆記法。

一共會介紹 3 種筆記法：

- HQ&A 筆記法
- 漸進式總結
- Luhmannian bibliographical Card（沒有中文翻譯，直翻是魯曼式目錄卡）

5-1. HQ&A 筆記法

「HQ&A」是由 Jamie Miles 提出的筆記方法，由 3 個英文字的縮寫組成：Highlight（畫重點）、Question（問問題）、Answer（說答案）。

使用方法如下：

- Highlight：當你在閱讀時，記下你覺得有感的原文內容，可以手寫記錄、也可以複製貼上。
- Question：根據你畫下的重點，思考「如果劃下的重點是答案，那它的問題是什麼？」
- Answer：依據你寫下的 Question，用自己的話寫下答案

Highlight	當你在閱讀時，記下你覺得有感的原文內容，可以手寫記錄、也可以複製貼上
Question	根據你畫下的重點，思考： 「如果劃下的重點是答案，那它的問題是什麼？」
Answer	依據你寫下的 Question，用自己的話寫下答案

來看個實際案例。

就拿我閱讀 Jamie Miles 的《Take Better Notes When Reading Non-Fiction With HQ&A》，來看看 HQ&A 筆記怎麼寫。

項目	內容
Highlight	About HQ&A Note : "Application of information: information you can apply becomes an insight. By thinking of a question, you force your mind to understand its meaning and draw connections. That switch from passive to active is what makes whatever you're reading stick.Designed for retention and recall: while you're reading, you're also creating lightweight flashcards for the future.Friendly friction: by requiring some effort, you'll be able to dodge the trap of highlighting everything. Instead, you'll develop an eye for spotting the truly insightful points that are worth noting down. That'll make you more efficient and keep you honest."
Question	HQ&A 為什麼更能夠讓我們吸收記下來的筆記？
Answer	因為它逼迫我們主動思考，將新資訊與腦中的舊知識產生連結。 同時 HQ&A 的筆記格式就是一張張的 Flashcard (Q&A)，方便未來複習；且因為「主動思考」可以增加我們的記憶難度，記得更久。

剛開始使用這個筆記方法時，我們碰到的最大阻礙可能是「不知道怎麼寫問題」？

別氣餒！因為我們接受「被動學習」的時間太久了，在缺少主動思考的練習下當然不容易。這裡我分享 1 個簡單的方法：用「5W1H」+「關鍵字」來發問。

5W1H 是 6 個英文字母的縮寫，即

- What
- Who
- When
- Where
- Why
- How

關鍵字就是這段文章中，出現頻率最高的單字。以上面的例子來說，就是 HQ&A。

因此我們可以馬上問出 6 個問題：

- What：HQ&A 是什麼？
- Who：誰可以使用 HQ&A？
- When：何時要用 HQ&A？
- Where：HQ&A 要用在哪裡？
- Why：為什麼 HQ&A 更能夠讓我們吸收記下來的筆記？
- How：如何使用 HQ&A？

> **point** 透過問題＋答案的筆記方法，可以讓我們主動思考、加深學習記憶。

5-2. 漸進式總結

「漸進式總結（Progressive summary）」是由 Tiago Forte 提出的筆記整理方法，它能夠將筆記內容分層，依據我們的需要快速檢視濃縮後的知識、或是被解壓縮後的筆記內容。[1]

Tiago Forte 的建議是分成 5 層（5 Layers），實際在寫筆記的流程是：

- Layer 1：將筆記直接貼到筆記軟體中。如果是網路上的文章，可能包含了「文章原文」以及「自己的筆記」。
- Layer 2：針對「原文」使用粗體效果，將你認為比較重要的內容用粗體標註。
- Layer 3：針對「被標註粗體的內容」用螢光筆效果，將你認為比較重要的內容用螢光色標註。
- Layer 4：針對「被標註螢光色及粗體的內容」，用自己的話進行總結
- Layer 5：針對「自己的總結」，用一句話來表達概念

從原文開始，逐漸篩選掉自己認為不重要的資訊，將原先龐雜的內容精煉成一句話。

這個過程是逐層遞進地（progressively），基於原始內容，慢慢地雕塑成我們思想的形狀。

例如下方是我在閱讀「番茄鐘」相關的文章時，依序做的漸進式總結。透過 Level 1 ～ 3 標註重點，Level 4 總結文章概念，Level 5 用一句話萃取文章精華。

資訊顆粒度

小

使用番茄鐘能大幅提升工作效率

- 番茄鐘結合收斂與發散 ⒉ 種工作模式
- 番茄鐘能適度地讓我們大腦休息
- 大腦必須在緊繃與放鬆之間來回切換，工作效率才會高

（原文內容）

-> 番茄鐘結合收斂與發散 ⒉ 種工作模式

（原文內容）

-> 番茄鐘能適度地讓我們大腦休息

（原文內容）

-> 大腦必須在緊繃與放鬆之間來回切換，工作效率才會高

大

5-3. **Luhmannian bibliographical Card**（魯曼式目錄卡）

「Luhmannian bibliographical Card」是我在 Scott P Scheper 的 YouTube 頻道上看到的筆記方法，據他說 Niklas Luhmann 在寫文獻筆記時就是這樣做的。[2] [3]

方法非常簡單：拿出一張卡片，依序紀錄 [1] 頁數 (書籍) ／秒數 (影片或 Podcast) [2] 自己的精簡想法。

例如我在聽「得到－傅佩榮的西方哲學課－哲學問答 7 ｜柏拉圖的教育論」音頻時，就記錄了以下筆記：

- 0：48　小孩人生的完整 - 空間與時間
- 0：52　時間：人生的目的何在
- 1：15　空間：人的生命結構（身、心、靈）
- 2：00　培養小孩這樣就好：自信、負責、敬意
- 2：53　知道人生中該敬畏的事物，例如祖先、聖賢
- 3：39　夢幻的理想國
- 4：40　藝術是騙人的嗎？
- 5：00　藝術的定義，藝術就是魔法
- 5：43　藝術家的作品是集體意識的展現
- 6：10　模仿真理的象徵
- 6：40　創造的時刻發生，發生在觀眾心中

魯曼式目錄卡非常簡便，能夠在不打斷自己閱讀、聽講的狀態中，快速將重點記錄下來。

■ 依據不同情境，使用不同的筆記方式

我會依據不同的情境使用不同的筆記方式，下面是我在不同情境對應的筆記方法：

- HQ&A 筆記法：讀書筆記（實體書 / 電子書）、網路文章（我比較熟悉的主題）。
- 漸進式總結：網路文章（我比較不熟悉的主題）。
- 魯曼式目錄卡：聽 Podcast、音頻節目、線上課程、YouTube（帶有時間、需要標註幾分幾秒講到什麼內容的學習資源）。

point

上面說的使用情境是我個人的經驗，請選擇自己感覺最舒服、最能夠「快速記下想法」的筆記方式即可。

學會了寫筆記，下一個階段我們將開始寫卡片。

[1] 原始文章可參考 Progressive Summarization： A Practical Technique for Designing Discoverable Notes - Forte Labs

[2] 教學影片可參考 Zettelkasten - Four Ways to Extract Material While Reading - YouTube

[3] 圖片來源：Scott P. Scheper. 2022. Antinet Zettelkasten： A Knowledge System That Will Turn You Into a Prolific Reader, Researcher and Writer

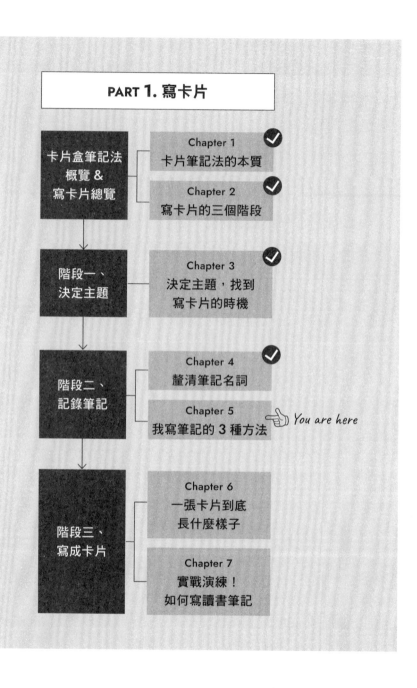

PART **1.** 寫卡片

卡片盒筆記法 概覽 & 寫卡片總覽	Chapter 1 ✓ 卡片筆記法的本質
	Chapter 2 ✓ 寫卡片的三個階段
階段一、 決定主題	Chapter 3 ✓ 決定主題，找到 寫卡片的時機
階段二、 記錄筆記	Chapter 4 ✓ 釐清筆記名詞
	Chapter 5 我寫筆記的 3 種方法　You are here
階段三、 寫成卡片	Chapter 6 一張卡片到底 長什麼樣子
	Chapter 7 實戰演練！ 如何寫讀書筆記

⓪⑥ 【階段三】 寫成卡片（1）：一張卡片 到底長什麼樣子？

開始在網路上分享卡片盒筆記法相關的文章後，你知道我最常收到的問題是什麼嗎？

答案是：一張卡片到底怎麼寫？

這聽起來很荒謬，《卡片盒筆記》不就是教我們如何寫卡片的一本書嗎？但如何寫卡片這件事情作者申克博士卻沒有講清楚。

為什麼會這樣呢？

我想原因是：卡片只是記錄想法的媒介，每個人的思考方式不同，記錄下來的內容當然不同。

聽起來很有道理，但對於剛入門這套方法的人而言，沒有一套可遵循的步驟或格式參考，必須花很多的時間摸索。

這個章節分享我認為「一張卡片」的格式應該長成什麼樣子，如果你是新手可以先按照這樣的格式寫卡片（等到已經寫得很順手、有自己的一套規則後，請直接更改我的格式吧！）

這個章節的內容比較長，但都是在說一件事情：我們該如何寫好一張卡片。

我的卡片格式主要參考「Zettelkasten.de」這個網路上專門討論「卡片盒筆記法」的論壇文章，由好心的網友 Sascha 分享一篇長達 7,300 字的長文：「Introduction to the Zettelkasten Method」，詳細敘述入門卡片盒筆記法時要注意的重點與規則。

【重點提示】

一張卡片有 3 部分（參考下圖）：

- 標題
- 內容
- 參考來源

請記住：當寫下 1 張卡片時，這 3 個部分（Part）一定都要寫。

在寫卡片的時候，我的順序會是：

- 1. 內容
- 2. 參考來源
- 3. 標題

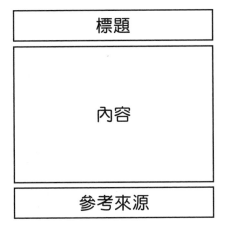

6-1. 寫出內容

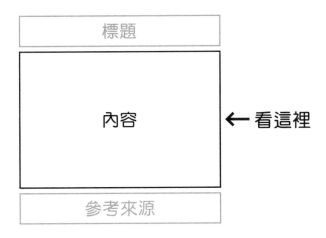

「內容」是一張卡片的第一部分，記錄自己的「想法」。

多數人的難關是卡在「卡片內容」不知道怎麼寫，下面我分享一套標準化的流程。

我們要使用《讓寫作成為自我精進的武器》一書中，作者師北辰提出的「萬能寫作法」。這是我看過最容易把想法說清楚、講明白的方法了。

萬能寫作法依序分為 3 個部分：

- A. 觀點：自己說出來的一句話、想法。
- B. 案例：擴充觀點的內容，可以用數據、故事、個人經驗作補充。
- C. 總結：將上面說的內容用 1–2 句話簡單做結論。

■ A. 觀點

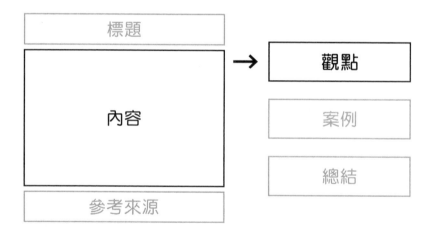

先從「觀點」開始。

如何獲得觀點呢？可以用上一章說到的 3 種筆記方法，最後就

能得到觀點：

- HQ&A 筆記法
- 漸進式總結
- Lumannian bibliographical card

下方分別說明。

A-1. HQ&A 筆記法

我們回答的答案就是觀點。

例如下方有一組 HQ&A：

H：番茄鐘是一個集中精神工作的技巧，設定 25 分鐘的衝刺時間、5 分鐘的休息時間。有了明確的任務、明確的執行時間，就可以心無旁鶩的完成工作！

Q：為什麼我們要使用蕃茄鐘？

A：因為蕃茄鐘可以幫助我集中精神工作，提升工作效率。

這裡的觀點就是：蕃茄鐘可以幫助我集中精神工作，提升工作效率。

A-2. 漸進式總結

最後的總結（Level 5）就是觀點。

例如下方是我在學習「《傅佩榮的西方哲學課》– 亞里士多德6–上帝在哲學中扮演什麼角色？」時，使用漸進式總結所做的筆記：

（備註：你可能對哲學不感興趣，因此這裡只需要關注我畫粗體、畫螢光筆、以及最後摘要出的觀點就好。）

今日重點1:變化的來源與歸宿

來源與歸宿就是哲學家的上帝，所以這一來的話，宇宙萬物充滿變化，它們就會形成一個存在的層級。

所謂存在的層級，就是最低的都是潛能，幾乎沒什麼實現；到最高層次的時候，都是實現，沒什麼潛能。這樣由低而高構成一個存在的層級。

那麼這個存在的層級最高的是什麼？就是完全的實現，也就是完全只有形式而沒有質料，這就是亞里士多德所謂的"上帝"。

經過上面的漸進式總結，我寫下的 Level 5（觀點）是：『哲學家為了能夠理解「萬物變化的最終來源」，因此稱呼它為上帝。「哲學家的上帝」跟宗教上的上帝沒有關係。』

A-3. 魯曼式目錄卡

跟「漸進式總結」一樣，對一個小段落的摘要就是觀點。

例如下方是我在學習「《傅佩榮的西方哲學課》– 哲學問答7–柏拉圖的教育論」時使用魯曼式目錄卡所做的筆記：

- ◉ 0：48　小孩人生的完整 - 空間與時間
- ◉ 0：52　時間：人生的目的何在
- ◉ 1：15　空間：人的生命結構（身、心、靈）
- ◉ 2：00　培養小孩這樣就好：自信、負責、敬意
- ◉ 2：53　知道人生中該敬畏的事物，例如祖先、聖賢

觀　點

1. 孩子的人生是否完整，可以用空間與時間兩種角度來觀察。

2. 時間：要先定義人生的目的，接著以終為始來教導孩子、到達終點

3. 空間：要從身、心、靈 3 種角度來看，要有健康的身、自信 / 負責 / 充滿敬意的心，等他大了提醒他別忘記還有靈的存在。

以上就是 3 種筆記方法萃取出觀點的過程。

有時候我們要摘要的內容很困難（哲學就是一個明顯的例子）。把握一個關鍵：

point

用自己的話說出對這段內容的理解，就是觀點。

■ B. 案例

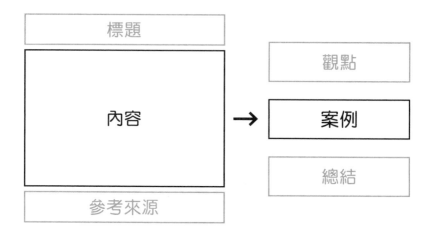

有了觀點之後，我們就可以增加案例來擴充觀點。

案例可以怎麼加呢？可以從 3 方面著手：

- ◉ 數據
- ◉ 故事
- ◉ 個人經驗

下面來看個例子。

例如我對一段「蕃茄鐘工作法」的觀點是：「蕃茄鐘可以幫助我集中精神工作，提升工作效率。」

下面我用 3 種不同的方法來補充案例。

B-1. 數據

> 　伊利諾大學教授 Alejandro Lieras 用實驗證明「若任務執行時間很長，短休息與分散注意力能夠顯著提升一個人在執行一項任務的專注程度」。[1]

B-2. 故事

> 　我隔壁的同事 Sam 是一個容易分心的人…上禮拜五在辦公室工作，原本一個早上就可以完成的報告，他竟然要做 1 整天（甚至還加班）！
>
> 　細問原因後，他說：「我在做報告的中間發現有個網頁很有趣，結果就分心看到下午…，所以才會加班嘛！」
>
> 　我想 Sam 非常需要番茄鐘幫助他集中精神，完成工作。

[1] 參考 Pomodoro Technique： The Secrets Behind Productivity Lifehacks（eduopinions.com）

B-3. 個人經驗

過去我在寫文章時，容易寫到一半去查個資料就分神，結果跑去滑臉書、逛蝦皮⋯

我想番茄鐘可以幫助我先專心的寫作 25 分鐘，等到 5 分鐘的時候再去查資料，這樣就不容易中斷寫作的注意力了。

■ C. 總結

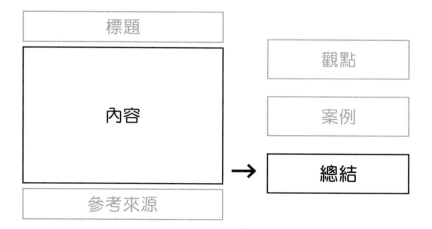

有了觀點和案例，還差最後一步：總結。

總結就是將前面一大串的內容，摘要成 1–2 句話。

例如對前面提到的「蕃茄鐘工作法」摘要是：使用「番茄鐘」能幫助我專心做完工作、解決拖延症的問題，是一個很棒的時間管理方法。

到這裡我們就寫完「觀點＋案例＋總結」，成功寫出一張卡片囉！

番茄鐘是一種工作方法，可以幫助我集中精神。以 30 分鐘為單位，25 分鐘專心工作、5 分鐘休息。　　**觀點**

我是一個容易分心的人...這禮拜五在辦公室工作，原本一個早上就可以完成的報告，過程中發現有個網頁很有趣，結果分心看到下午，報告根本做不完效率超差！！！　　**案例**

使用「番茄鐘」能幫助我專心做完工作、解決拖延症的問題，是一個很棒的時間管理方法。　　**總結**

6-2. 參考來源

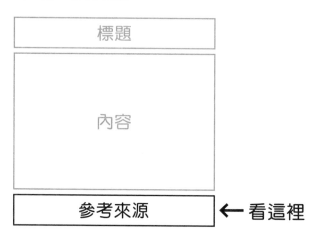

「參考來源」是一張卡片的第二部分，寫下我從「哪裡」得到啟發而寫下這段內容的。

例如…

- **看到**：哪本書、哪篇網路文章、哪個社群貼文？
- **聽到**：哪個 Podcast、哪個人、哪場演講、哪堂線上課程？
- **想到**：走在路上、洗澡中、工作時、捷運上？

別小看這個動作！

許多人之所以無法回想這篇筆記在寫什麼，就是因為沒有把「當時紀錄的場景」寫下來。有了場景，我們在日後回憶時就多了一條線索，能更好地幫助回想。

例如前面提到的「番茄鐘」，我是在《間歇高效率的番茄工作法》學習到的方法，將學習來源記錄起來吧！

番茄鐘是一種工作方法，可以幫助我集中精神。以 30 分鐘為單位，25 分鐘專心工作、5 分鐘休息。

我是一個容易分心的人...這禮拜五在辦公室工作，原本一個早上就可以完成的報告，過程中發現有個網頁很有趣，結果分心看到下午，報告根本做不完效率超差！！！

使用「番茄鐘」能幫助我專心做完工作、解決拖延症的問題，是一個很棒的時間管理方法。

參考來源
閱讀《間歇高效率的番茄工作法》時學到的方法

6-3. 設計標題

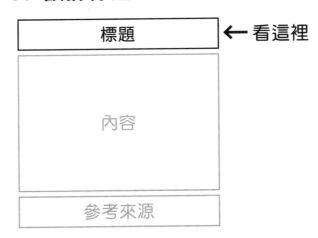

「標題」是一張卡片的第三部分，幫助我們一眼辨識卡片的主旨。

標題由兩個部分組成：

- 卡片編號
- 一段敘述

卡片編號會在本書的「PartII：放卡片」詳細解說，這裡我們先講「一段敘述」就好。

這段敘述怎麼寫呢？

point

請用一句直白、能一眼看懂這則筆記在說什麼的句子，來命名卡片標題。

下面是我在閱讀跟「寫日記」相關的文章時，寫下來的卡片標題：

- 每日日記要多寫人名，因為記人名就能記下事情的脈絡，思考行動和他人建立連結
- 利用標竿管理的精神來寫日記
- 寫日記時從小事情開始反思

未來搜尋筆記時，就能快速知道這張卡片在寫什麼。

過去大家在替 Word 或是手機內建備忘錄檔案命名時都相當隨性，間接造成後續找檔案時非常痛苦。

下面是不好的範例：

- 讀到蕃茄鐘的內容，檔案就命名為「蕃茄鐘」
- 讀到卡片盒筆記法的內容，就命名為「卡片盒筆記」
- 讀到 Obsidian 的軟體介紹，就命名為「Obsidian」

發現不好的地方了嗎？

如果一張卡片的標題就只有一個名詞，我們必須開啟卡片重新閱讀、甚至花上 5 ～ 10 分鐘重新回想「這張卡片到底在說什麼」。

但如果我們用一句直白、能一眼看懂這則筆記在說什麼的句子，是不是未來搜尋時就方便的多了？

這時候有些人可能會問，但是標題很長，會不會很難管理呀？

別擔心，在「PartII- 放卡片」我會教你替卡片編碼的方法，每張卡片只要有了號碼，就能夠精準定位它應該在的地方，這也是卡片盒筆記法精髓之所在。

以上的內容就是如何寫一張卡片的所有細節，瞭解了之後，我們來看看要如何應用在現實生活中吧！

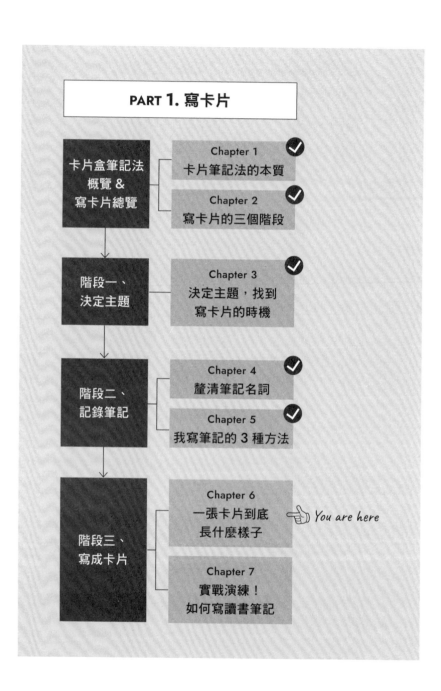

PART **1. 寫卡片**

卡片盒筆記法
概覽 &
寫卡片總覽

Chapter 1
卡片筆記法的本質 ✔

Chapter 2
寫卡片的三個階段 ✔

階段一、
決定主題

Chapter 3
決定主題，找到
寫卡片的時機 ✔

階段二、
記錄筆記

Chapter 4
釐清筆記名詞 ✔

Chapter 5
我寫筆記的 3 種方法 ✔

階段三、
寫成卡片

Chapter 6
一張卡片到底
長什麼樣子 *You are here*

Chapter 7
實戰演練！
如何寫讀書筆記

⓪⑦ 【階段三】
寫成卡片(2)：實戰演練！
如何寫讀書筆記？

學完了「寫卡片」的方法後，我們特別來看如何寫讀書筆記。

我在教學時，許多學員都會特別問：朱騏，卡片盒筆記法到底如何應用在日常讀書呢？

下方我以 HQ& 筆記法作為範例，有 3 個步驟：

1. 讀書時，順手記下 HQ&A 筆記。
2. 每個禮拜找 1 天的時間，把 HQ&A 筆記轉換成永久卡片。
3. 重複步驟 2，直到 HQ&A 筆記都轉換成卡片。

point

重要觀念：不要在寫讀書筆記的時候，就一併把筆記轉換成卡片！請把「寫筆記」跟「寫卡片」這兩件事情分開來做。

7-1. 步驟一：讀書時，順手記下 HQ&A 筆記

在讀書時，為了平衡「寫筆記」與「讀書」的力氣花費，請專心寫 HQ&A 筆記。依據讀「紙本書」與「電子書」，有兩種不同的流程。

■ 紙本書

如果你喜歡手寫的感覺，可以拿一本筆記本或 A4 紙，看到書中的重點時使用 HQ&A 筆記記錄。

- H：你可以選擇是否要抄寫重點全文，或是用頁數註記（例如 P.16 第三行）。
- Q：在紙上針對畫線的重點問一個問題。
- A：在紙上寫下你的回答。

如果你懶得用手寫，可以把手機或是電腦放在書籍旁邊，開啟手機內建的備忘錄／筆記軟體後，按照上方的流程做紀錄。

我個人偏好直接用手機紀錄，可以省去將手寫文字轉換成電子格式的時間。

■ 電子書

如果你是看電子書，可以善用電子書 App 或閱讀器的劃記（Highlight）功能，並使用註記（Annotate）寫下 Q 跟 A。

7-2. 步驟二：每個禮拜找一天，把 HQ&A 筆記轉換成永久卡片

寫完的 HQ&A 筆記最好在 1 週內進行整理，才不會發生筆記都散落在備忘錄／筆記軟體中，久了根本不會去看的狀況。

但許多朋友遇到的難關是：有太多的 HQ&A 筆記，不知道如何整合。

下面分享我的 2 步驟整合方法。

■ 小步驟 1：將多張 HQ&A 筆記整合成 1 個觀點

在【06. 寫成卡片（1）：一張卡片到底長什麼樣子？】中，我提到：一則 HQ&A 筆記可以透過萬能寫作法，轉換成 1 張卡片。

但如果你現在有 10 張、20 張、甚至更多則 HQ&A 筆記，該怎麼轉換成卡片呢？

我的做法是：將想法相近的 HQ&A 筆記合併，也就是將相同概念、不同面向的答案（A）合併成 1 個觀點。

例如在一篇講《三種「年度回顧，新年展望」參考》中，我有 4 張 HQ&A 的筆記：

- 國外的年度回顧稱為？Past Year Review（簡稱 PYR）
- Tim Ferriss 做 PYR 的時間是多久？30–60 分鐘
- Tim Ferris 的 PYR 作法，符合什麼原則？80/20 法則
- 針對 20% 的負面情緒，無法根治怎麼辦？或許現在沒辦法解決，但能夠分辨與意識到這種情緒本身，就是在改善。

思考後，我把它合併成：

> 「國外的年度回顧稱為 Past Year Review（簡稱 PYR），其中 Tim Ferris 的作法頗有吸引力，因為只要 30–60 分鐘就做完了。」

當你有很多張 HQ&A 筆記時，適當的刪減、連結 Answer 就是在形塑個人觀點，用自己的話把學到的重點說出來。

■ 小步驟 2：將觀點透過萬能寫作法轉換成永久卡片

有了觀點後，就能按照【6-1. 寫出內容】的說明轉換成永久卡片。

依據你在上一步驟使用「紙本書」或「電子書」，有不同的推薦處理流程。

紙本書

- 如果你是用紙本紀錄：只需要將你有感覺的 HQ&A 筆記轉換成卡片就好。至於沒用到的 HQ&A 筆記，可以拍照並存檔至筆記軟體中。

- 如果你是用手機備忘錄／筆記軟體寫：直接將有感覺的 HQ&A 筆記轉換成卡片吧！

電子書

- 多數的電子書都有支援「匯出成 CSV/XLS」檔案，例如 Readmoo（讀墨）、Kindle。

- 我習慣將筆記匯出成 CSV/XLS 檔案後，再匯入至 Google Sheet 表格中儲存，這樣在筆記軟體中貼上 Google Sheet 的網址，就能保存讀書紀錄的 HQ&A 筆記。

- 接著，把這些 Google Sheet 上的 HQ&A 筆記轉換成卡片吧。

7-3. 步驟三：重複前步驟，直到 HQ&A 筆記都轉換成卡片

上面的步驟

- 通常不會在一個時段內全部做完（例如一個星期天的下午）
- 而是分成好幾個禮拜慢慢完成

我建議大家在整理讀書筆記時，採取「1 週整理 1 次」的策略，才不會到最後讀完書時，一次要整理一堆的 HQ&A 筆記。

關鍵是：少量多餐，將「整理筆記」分散到多個時間段去執行，但一次都處理一小部分內容就好。

最後快速複習 3 步驟：

- 讀書時，順手記下 HQ&A 筆記
- 每個禮拜找 1 天的時間，把 HQ&A 筆記轉換成永久卡片
- 重複步驟 2，直到 HQ&A 筆記都轉換成卡片

恭喜你，我們終於講完了「Part I. 寫卡片」的部分。接下來，我們一起來學習如何管理這些寫好的數位卡片吧！

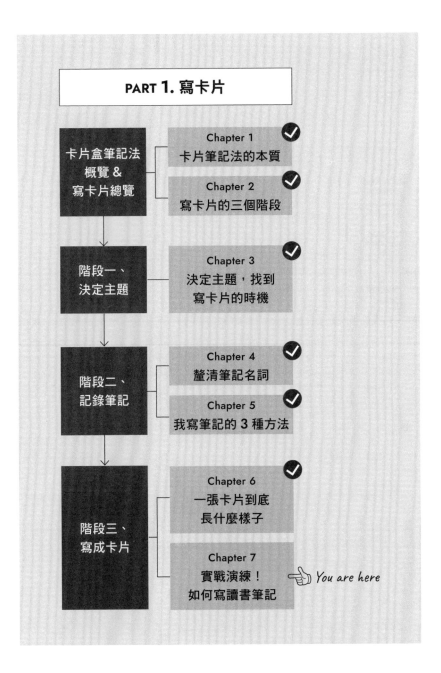

PART **1. 寫卡片**

卡片盒筆記法 概覽 & 寫卡片總覽

Chapter 1
卡片筆記法的本質 ✓

Chapter 2
寫卡片的三個階段 ✓

階段一、
決定主題

Chapter 3
決定主題，找到
寫卡片的時機 ✓

階段二、
記錄筆記

Chapter 4
釐清筆記名詞 ✓

Chapter 5
我寫筆記的 3 種方法 ✓

階段三、
寫成卡片

Chapter 6
一張卡片到底
長什麼樣子 ✓

Chapter 7
實戰演練！
如何寫讀書筆記

You are here

Part 二 存卡片

PART 1. 寫卡片

| 卡片盒筆記法
概覽 &
寫卡片總覽 | Chapter 1
卡片筆記法的本質 |
| | Chapter 2
寫卡片的三個階段 |

| 階段一、
決定主題 | Chapter 3
決定主題，找到
寫卡片的時機 |

| 階段二、
記錄筆記 | Chapter 4
釐清筆記名詞 |
| | Chapter 5
我寫筆記的 3 種方法 |

| 階段三、
寫成卡片 | Chapter 6
一張卡片到底
長什麼樣子 |
| | Chapter 7
實戰演練！
如何寫讀書筆記 |

⓪8 存卡片三個階段：了解管理概念→建立儲存結構→開始存放卡片

在「Part I. 寫卡片」中我們分析了如何將想法寫成筆記，如何將筆記寫成真正的永久卡片，並且分析了一張卡片的規格體例。現在，我們開始可以把各種學習之後的想法變成一張一張卡片了，但是，這些卡片應該怎麼儲存、整理與管理呢？

歡迎你來到了「Part II. 存卡片」，這個階段我們要將寫下來的卡片放到數位筆記工具中進行整理，示範的時候我會以「Obsidian」這款數位筆記軟體為例，不過同樣的邏輯可以適用在絕大多數的筆記軟體中，我們這本書隨附的教學影片，也會針對 Obsidian、Notion 這兩款數位筆記軟體如何實踐卡片盒筆記法，實際操作給大家看。

寫卡片有三個主要階段，在管理卡片（我稱為存卡片）的過程中，我們同樣會經歷三個階段：

- 了解管理概念
- 建立儲存結構

● 開始存放卡片

下面先幫大家快速導覽接下來編號 09 ～ 17 的存卡片技巧相關內容。

8-1. 階段一：了解管理概念

許多人在使用筆記軟體碰到的最大困難，就是不知道如何管理數位筆記。因此我會先花 2 個章節（09,10），說明在數位筆記軟體中可以如何管理筆記檔案。同樣的我會以 Obsidina 為例，但是現今大多數筆記軟體都會有類似的分類、連結管理功能，一樣可以套用。

在編號 09 的文章中，我會告訴你關於 Inbox（收件箱）的概念，建立一套處理數位筆記檔案的可靠流程。

在編號 10 的文章中，則會教你如何針對隨手寫下的筆記，分成 3 種狀況來處理。

8-2. 階段二：建立儲存結構

學會了處理數位筆記的概念後，下一步就要開始在數位筆記（如 Obsidian）中建立資料夾管理筆記檔案。

在編號 11 的文章中，我會分享 Obsidian KOL–Nick Milo 提出的「ACCESS」分類法，讓你的筆記檔案不再混亂，同樣的這個分類邏輯可以適用在大多數數位筆記工具中。

為了幫助你更加了解 Inbox 和 ACCESS 的概念，在 12 號文章中我會用真實的案例帶你走過一次存筆記的流程。

8-3. 階段三：開始存放卡片

直到這個階段，我們才會真正學到如何管理卡片。

在編號 13 ～編號 17 的文章裡，我會告訴你如何替卡片進行編碼、如何建立卡片的索引筆記，目的是要實現編號 01 文章中所說的「管理想法的串列」。

這個階段是「卡片盒筆記法」的核心所在，也是魯曼博士為什麼可以管理高達 90,000 張卡片、而不混亂的秘密。

PART **2.** 存卡片

存卡片總覽	**Chapter 8** 存卡片的三個階段　　👉 You are here
階段一、 了解管理 概念	**Chapter 9** 建立 Inbox 存放暫時性的數位筆記
	Chapter 10 如何處理筆記檔案
階段二、 建立儲存 結構	**Chapter 11** 建立 ACCESS 資料夾結構
	Chapter 12 實戰演練！這些筆記要放到哪裡
階段三、 開始存放 卡片	**Chapter 13** 建立卡片索引編號
	Chapter 14 實戰演練！ 用生活化例子來了解卡片索引編碼
	Chapter 15 建立索引筆記， 掌握卡片盒中的卡片編碼狀況
	Chapter 16 如何建立卡片的連結？
	Chapter 17 常見問題解答， 釐清多數人對索引編號的誤解

⓿9 【階段一】
了解管理概念（1）：建立 Inbox 存放暫時性數位筆記

讓我們正式進入到「Part II：存卡片」的環節。

你曾經使用過一段時間的數位筆記工具，並且收集了很多資料，但最後發現在你的筆記軟體裏面總是亂糟糟、要找檔案卻依然都找不到嗎？

point | **這個章節分享 Inbox（收件箱）的概念：讓「寫下筆記」與「整理筆記」分開，建立一套可靠的整理筆記流程。**

這套觀念是受時間管理大師 David Allen 的 GTD（Getting Things Done）時間管理方法的啟發。[1]

Inbox 的概念，能大幅提升一個人處理筆記的效率。

這個章節我們會講 3 個重點：

- 為什麼你的筆記軟體會很 "亂" ？
- 學習 GTD 的 Inbox 方法
- 在筆記軟體中建立一個 Inbox

9-1. 為什麼你的筆記軟體會很 "亂" ？

因為，「亂」，是世間萬物的常態…

當使用時間愈久、更動頻率愈高，事物就會走向 "亂" 的狀態。例如：

- 書房一開始是乾淨的，但不久後書、文具、文件夾、生活用品就會愈堆愈多，最後變得亂。
- 電腦一開始是有序的，但隨著安裝軟體越來越多、建立愈多的文件／簡報檔案後，電腦就會變得亂且卡頓。
- 衣服一開始是整齊的，但隨著住的時間愈久、買的衣服開始增加，衣櫥就爆炸了。

point

只要沒有定期整理，世界上的事物都會從「有秩序」走向「無秩序」。

而我們常常在筆記軟體中只做了「收集」的動作，卻忽略了定期整理的重要。

9-2. 學習 GTD 的 Inbox 方法

GTD 中的 Inbox 觀念可以提升任務處理的效率,讓事物從「無秩序」加速回到「有秩序」的狀態。

核心概念是:把「記錄任務」與「處理任務」這兩件事情分開,並且定期(1–2 天內)整理。也就是:

- **記錄任務**:在記錄當下專注捕捉腦中的想法。
- **處理任務**:是否要處理、重要度如何,可以在處理任務時一次做判斷。

同樣的概念也可以用在筆記軟體中。

9-3. 學習 GTD 的 Inbox 方法

在你的數位筆記軟體(例如 Obsidian)中建立一個資料夾叫做 Inbox。

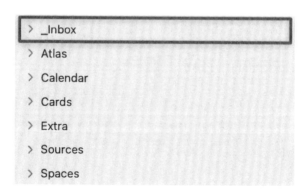

隨手寫下的筆記都先往 Inbox 丟吧！

Inbox 的功能只有一個：收集臨時、尚未加工處理的筆記。

例如《卡片盒筆記》中的靈感筆記就屬於此類。（下個章節詳細解說靈感筆記的範例與處理方式）

當我有任何想法時，處理流程是：

1. 在 Obsidian 中建立一則新筆記檔案並寫下內容、放到 Inbox 中。

2. 有一段空檔時，依據下一個章節（10）的處理方式，批次處理 Inbox 的筆記檔案。

以上流程會在 2–3 天內會處理完畢。

那處理方式到底是如何呢？我們下一章繼續說明。

---

[1] 參考大衛・艾倫（2016）。《搞定！：工作效率大師教你：事情再多照樣做好的搞定 5 步驟》。台北市：商業周刊

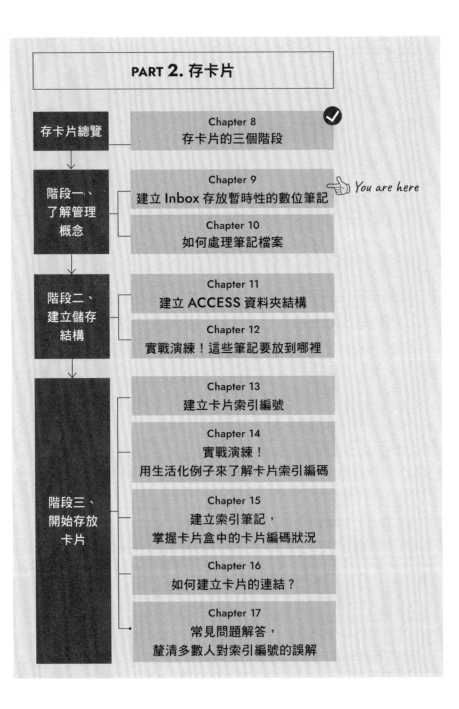

PART 2. 存卡片

存卡片總覽 — Chapter 8 ✓
存卡片的三個階段

階段一、
了解管理
概念 — Chapter 9
建立 Inbox 存放暫時性的數位筆記 ☞ You are here

Chapter 10
如何處理筆記檔案

階段二、
建立儲存
結構 — Chapter 11
建立 ACCESS 資料夾結構

Chapter 12
實戰演練！這些筆記要放到哪裡

Chapter 13
建立卡片索引編號

Chapter 14
實戰演練！
用生活化例子來了解卡片索引編碼

階段三、
開始存放
卡片 — Chapter 15
建立索引筆記，
掌握卡片盒中的卡片編碼狀況

Chapter 16
如何建立卡片的連結？

Chapter 17
常見問題解答，
釐清多數人對索引編號的誤解

10 【階段一】 了解管理概念（2）：如何 處理筆記檔案？

上一章我們學到了要將隨手寫下的筆記檔案都先放到 Inbox，等有空再批次處理。

但實際上到底該如何處理呢？我認為應該分成 3 種狀況來處理，分別是：

- 想法
- 行動
- 問題

10-1. 狀況 1：想法（Thought）

想法是自己對一件事情的看法與思考。

每個想法的背後都藏有原因，例如我認為：

- 卡片盒筆記是每一位數位知識工作者都該學習的筆記技巧 （因為它能夠組織飄忽不定的想法）

- 寫作就是思考（當我把文字依序寫下來時，就是在理順邏輯）
- 圖解對於溝通很有幫助（因為人腦處理圖像的速度，比文字快上速倍）

面對一個問題、一個現象我們是怎麼想的呢？那個「怎麼想」就是想法。

那該如何處理想法呢？我推薦使用「Part I-06」提到的「萬能寫作法」。

「萬能寫作法」能把想法（你的觀點）擴展成完整的概念。結構如下：

觀 點

你的想法，例如「我認為寫作就是思考」。

案 例

增加例子讓想法變得更具體，例如「寫作必須一字一句將想法寫下來，把字句寫清楚的過程，就是在思考。」

總 結

用 1-2 句話幫讀者做個小結，例如「如果你想得透徹，就能寫的清楚。」

處理「想法」後的成果，是一張永久卡片。

10-2. 狀況 2：行動（Action）

行動是能夠產生結果的行為。

每個行動背後，都隱含至少 1 個想達成的成果。例如：

● **我想要學習孫治華老師的商業簡報課** ▶ 學完之後可以加快製作簡報的速度，提升表達的效果。

● **我想要可以開始寫文章** ▶ 將想法記錄下來，可以給自己當作複習，也可以給他人看分享經驗。

● **我想要開始運動** ▶ 察覺到自己的體力不行了、身材變胖了，因此要運動來增加體力與塑形身材。

只要你有「想要⋯以產出成果」的念頭，都叫做行動。

那該如何處理行動呢？我推薦使用「防彈筆記法」。

防彈筆記法出自於「電腦玩物」站長 -Esor 2022 年 7 月出版的《防彈筆記法》[1]。這個方法的核心關鍵是：建立「核心任務筆記」來收納行動，並依序執行行動。

例如：

聯絡 A 廠商 確認出貨時間	和老婆 規劃年底出遊	確認魔術社團 朋友聚會的時間
▼	▼	▼
將此行動紀錄在「A 廠商核心任務筆記」	將此行動紀錄在「2022 與老婆的旅遊核心任務筆記」	將此行動紀錄在「2022 魔術社團核心任務筆記」

「核心任務筆記」就像是行動的「收納盒」，當我們要完成某項任務的時候，就能一次看到相關行動並且依序完成。

每一個「行動」就是一個「待辦事項」。

10-3. 狀況 3：問題（Question）

問題是出自於疑惑，因此想要尋找解答的事情。

例如：

- 針對走在路上突如其來的靈感，我們應該如何處理？
- 如何用圖解表達自己腦中的複雜概念？
- 我目前在用的數位生產力軟體有哪些？

簡單問題可以靠「Google」找到答案；複雜問題必須累積想法，自己推理出答案。

那該如何累積解決複雜問題的想法呢？我推薦使用 Niklas Luhmann 的卡片盒筆記法。

此方法將每個想法獨立紀錄在一張卡片上，累積卡片來觀察並推理出答案。例如針對「如何理解人生中的變化？」的複雜問題，我在學習哲學時寫下：

卡片 1	卡片 2	卡片 3
亞里斯多德認為「變化」可用形質論來解釋,即任何事物的發展過程,都是從潛能走向實現。	為什麼事物會「從潛能走向實現」呢?因為「缺乏」(一個哲學上的術語)。	那事物為什麼會缺乏呢?因為要追求完美。亞里斯多德用「哲學家的上帝－第一個本身不動的推動者(the first unmoved mover)」來解釋:事物受到上帝完美的姿態吸引,因此會讓萬物也走向追求完美的過程。

處理「問題」後的成果,是一張永久卡片。

複雜問題無法靠"估狗(Google)"找到答案,也不會有老師直接告訴我們答案。更多時候,我們只能累積學習的材料,從中自己找出答案。

point

卡片盒筆記法能幫助我們累積學習的材料 (永久卡片),我們就能慢慢找到答案。

以上就是我處理筆記的方式,快速複習:

- **想法**：自己對一件事情的看法與思考。可用「萬能寫作法」擴展想法並寫成永久卡片。

- **行動**：能夠產生結果的行為。可用「防彈筆記法」收納至核心任務筆記。

- **問題**：出自於疑惑，因此想要尋找解答的事情。可用「卡片盒筆記」累積卡片，找出問題的答案。

先知道自己的筆記屬於哪一種，再依據對應的方式進行處理。

了解了 Inbox（09）和筆記的處理方式（10）後，下一章我要教大家如何在數位筆記工具（以 Obsidian 為例）中管理這些筆記檔案。

[1] 參考電腦玩物站長 Esor（2022）。《防彈筆記法》。台北市：PCuSER 電腦人文化

PART **2.** 存卡片

存卡片總覽	**Chapter 8** ✓ 存卡片的三個階段
階段一、 了解管理 概念	**Chapter 9** ✓ 建立 Inbox 存放暫時性的數位筆記
	Chapter 10 如何處理筆記檔案 ☞ *You are here*
階段二、 建立儲存 結構	**Chapter 11** 建立 ACCESS 資料夾結構
	Chapter 12 實戰演練！這些筆記要放到哪裡
階段三、 開始存放 卡片	**Chapter 13** 建立卡片索引編號
	Chapter 14 實戰演練！ 用生活化例子來了解卡片索引編碼
	Chapter 15 建立索引筆記， 掌握卡片盒中的卡片編碼狀況
	Chapter 16 如何建立卡片的連結？
	Chapter 17 常見問題解答， 釐清多數人對索引編號的誤解

11 【階段二】 建立儲存結構（1）：建立 ACCESS 資料夾結構

使用數位筆記軟體最困難的地方，就是管理筆記檔案！

為什麼呢？因為許多人都會在同一個筆記軟體中使用不同的筆記方法，很容易讓檔案攪和在一起。例如你把「日記」、「卡片」、「讀書筆記」…等都放在筆記軟體時，過一段時間就會變得混亂、無法區分。

怎麼辦呢？這一章我會分享 ACCESS 分類法，可以讓你的筆記檔案不再混亂。

這個章節我們會講 3 個重點：

● 為什麼在數位筆記軟體中，「資料夾分類」很重要？

● 如果想同時使用多個筆記方法，可以使用 ACCESS 筆記檔案分類法。

● 有意識地區分筆記檔案，才能確保腦袋不混亂。

11-1. 為什麼在數位筆記軟體中，「資料夾分類」很重要？

我們先思考：如果把所有的筆記檔案放在同一個資料夾、不分類時會發生什麼問題。

例如…

- 想在 Obsidian 使用卡片盒筆記法，如何知道哪些數位筆記叫做「卡片」？
- 想在 Obsidian 中寫日記，如何知道哪些數位筆記叫做「日記」？
- 想在 Obsidian 中寫讀書筆記（例如 HQ&A 筆記），如何區分哪些數位筆記叫做「讀書筆記」？

發現問題了嗎？光是區分不同筆記檔案的用途，就讓人頭大。

這個問題較不會發生在真實世界中。因為我們可以…

- 寫卡片：到書店購買 A6（148mm×105mm）尺寸的白色卡片，寫在上面的內容就是「永久卡片」的內容
- 寫日記：可以拿 Moleskine 硬殼筆記本，寫在上面的內容就是「日記」的內容
- 寫讀書筆記：可以拿一張 A4 白紙隨手記錄，寫在上面的內容就是「讀書筆記」的內容

現實生活中，不同功能的資訊會記錄在不同的媒介上。

但在電腦上，這些筆記都是一個個 "數位檔案" 呀！是我們基於不同的目的（例如寫卡片、寫日記、寫讀書筆記…等），為它們多賦予的一層意義罷了。

我們若不用資料夾或是檔案名稱區分，根本無從判斷這則筆記檔案的功能。

11-2. 如果想同時使用多個筆記方法，可以使用 ACCESS 筆記檔案分類法

這時候 ACCESS 檔案分類方式就排上用場了。

ACCESS 是 YouTuber—Nick Milo[1] 提出的筆記檔案分類法，分成 6 個大資料夾：

- Atlas（地圖集）：主要存放 MOC 筆記、索引筆記。
- Calendar（日誌）：存放日誌類的筆記，包含每日、每週、每月、每季、每年的紀錄。
- Card（卡片）：專門放卡片。
- Extra（特殊功能筆記）：筆記模板、圖片檔案、檢查清單、繪圖檔案（Excalidraw）。
- Source(來源筆記）：存放「各種資訊來源」的筆記，例如網路文章、Podcast、讀書心得、講座筆記、PDF 檔案筆記、社群貼文、YouTube/ 線上課程筆記…等。

● Space（專案／任務筆記）：存放生活與工作中的「專案筆記」，用來記錄專案、任務的待辦事項與行動。

我們以不同資料夾來區分數位筆記檔案的功能。

請大家先在你的數位筆記軟體（如 Obsidian）中新建立 6 個資料夾，並且依據 Atlas, Calendar, Cards, Extra, Source, Space 依序命名。

建立 ACCESS 資料夾完畢後，依序往下閱讀。

> _Inbox
> Atlas
> Calendar
> Cards
> Extra
> Sources
> Spaces

建立 ACCESS 資料夾

■ Atlas（地圖集）

Atlas 是 collection of maps（地圖集）的意思，主要存放（1）MOC 筆記（2）Index 筆記（索引筆記）。

1. MOC 筆記

「MOC 筆記」是 Nick Milo 為了管理數量繁多的卡片，而提出的一種特殊筆記方式（關於 MOC 的概念會在【19. 階段一：寫短文（1）：開始輸出！將累積的卡片寫成 MOC 的方法】詳細解說）。

這裡你只要知道：

MOC 筆記就是一個「依據"主題"分類的目錄」，我們將卡片、問題、參考資料全部放到上面。

當我們在整理卡片的過程中，會不斷將概念相近的卡片整理成知識主題（例如產品規劃、個人品牌經營、寫作技巧 ... 等），這些知識主題就是一則則的 MOC 筆記。

2. 索引筆記

用來管理卡片盒中的卡片編碼，細節會在【15. 階段三：開始存放卡片（3）：建立索引筆記，掌握卡片盒中的卡片編碼狀況】說明。

Nick Milo 稱存放「MOC 筆記」與「索引筆記」的資料夾稱為 Atlas（地圖集）。

顧名思義，在地圖集中可以透過筆記的連結，幫助我們按圖索驥，找到需要的想法、資料、任務路徑。

■ Calendar（日誌）

存放日誌類的筆記，包含每日、每週、每月、每季、每年的紀錄。

若你在 Obsidian 中有使用 Daily Note 插件來寫日記，這些日記檔案都要存放到 Calendar（日誌）資料夾。

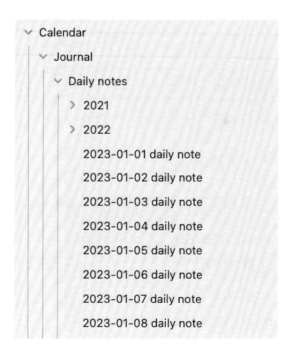

■ Card（卡片）

　　專門放卡片，這個資料夾等同於魯曼教授的卡片盒，所有的「永久卡片」都要存放到Card資料夾。（關於卡片盒的編碼，會在【13.階段三：開始存放卡片（1）：建立卡片索引編號】中說明）

> ∨ Cards
> > 1 Zettelkasten
> > 2 Knowledge Management
> > 3 Life
> > 4 Productivity
> > 5 Connection
> > 6 Reading
> > 7 Thinking
> > 8 Obsidian
> > 9 Writing
> > 10 Learning

■ Extra（特殊功能筆記）

　　存放有特殊功能的筆記檔案，例如：

- Template（筆記模板）
- Images（圖片檔案）
- Checklists（檢查清單）
- Excalidraw（繪圖檔案）

```
∨ Extra
  > Checklists
  > Excalidraw
  > Images
  > Template
```

■ Source（來源筆記）

存放「各種資訊來源」的筆記，例如：

- Article（網路文章）
- Audio（音頻、Podcast）
- Book（實體、電子書籍）
- Chat（和其他人聊天）
- Lecture（講座筆記）
- PDF（PDF 檔案）
- Post（社群貼文）
- Video（YouTube 影片、線上課程筆記）

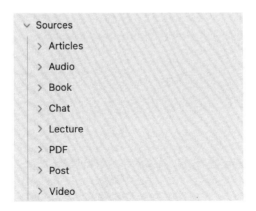

```
∨ Sources
  > Articles
  > Audio
  > Book
  > Chat
  > Lecture
  > PDF
  > Post
  > Video
```

在編號 04 的文章中，我提到：

在《卡片盒筆記》中，申克博士使用「文獻筆記（literature notes）」稱呼讀書筆記，但我個人不太喜歡。

「文獻筆記」的名詞脈絡，很大原因跟魯曼博士、申克博士的職業（教授）與學習來源（學術論文）有關。由於他們的資訊來源就是學術機構的學術論文，因此稱呼「在這些論文上做的筆記」為「文獻筆記」。

問題是一般大眾的資訊來源很少是「學術論文」(除非你非常認真，喜歡讀學術文獻)，更多來自網路文章、實體書籍、電子書籍、社群網路。

因此，我更喜歡直接稱呼為「來源筆記（Source notes）」，清楚好懂。

我想這也是 Nick Milo 直接命名為 Source 資料夾的原因。

■Space（專案／任務筆記）

存放生活與工作中的「專案／任務筆記」，用來記錄專案、任務的待辦事項與行動。

若你已經有自己管理專案 / 任務的方法，這個資料夾可以忽略不建立；若你想在 Obsidian 中管理專案／任務，可以參考以下方法（2 擇 1）：

● Tiago Forte 提出的「PARA」資料夾分類，詳細說明可參

考＜如何分類筆記？一套簡單又通用的分類架構—PARA＞
（連結：https：//bit.ly/4293OSF）

- 電腦玩物站長 Esor 提出的「防彈筆記法」，詳細方法論可
  參考《防彈筆記法》書籍。

我個人建議：若你對卡片盒筆記法還不熟悉，請先不要在
Obsidian 中管理「專案／任務筆記」。

你可以用紙本、其他數位軟體來管理專案（例如 Notion,
Todoist, Excel, Google Sheet…等），讓你的 Obsidian 中的數位
筆記檔案種類盡可能簡單一點。

> 1. Project
> 2. Area
> 3. Resource
> 4. Archive

11-3. 有意識地區分筆記檔案，才能確保腦袋不混亂

雖然在數位筆記軟體中的檔案都叫做「筆記」，但功能有顯著
的不同。

幫大家做一次整理：

- Atlas（地圖集）：主要存放 MOC 筆記、索引筆記。
- Calendar（日誌）：存放日誌類的筆記，包含每日、每週、

每月、每季、每年的紀錄。

- Card（卡片）：專門放卡片。

- Extra（特殊功能筆記）：筆記模板、圖片檔案、檢查清單、繪圖檔案（Excalidraw）。

- Source(來源筆記)：存放「各種資訊來源」的筆記，例如網路文章、Podcast、讀書心得、講座筆記、PDF 檔案筆記、社群貼文、YouTube／線上課程筆記…等。

- Space（專案／任務筆記）：存放生活與工作中的「專案筆記」，用來記錄專案、任務的待辦事項與行動。

數位筆記軟體存放檔案很方便。但也因為這樣，我們必須要有意識地區分筆記檔案的意義。

下一章我會列舉自己使用 ACCESS 的實際案例，幫助大家更了解 ACCESS 的使用方式。

[1] 參考 Folders or Links？ The key to both is A.C.C.E.S.S. - YouTube

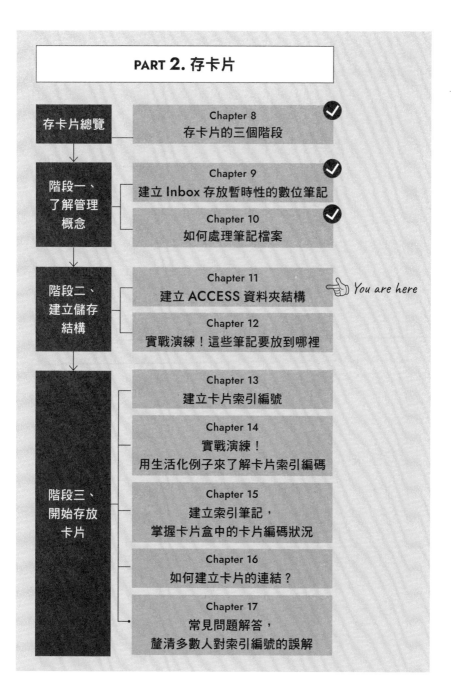

PART **2.** 存卡片

| 存卡片總覽 | Chapter 8
存卡片的三個階段 ✔ |

| 階段一、
了解管理
概念 | Chapter 9
建立 Inbox 存放暫時性的數位筆記 ✔ |
| | Chapter 10
如何處理筆記檔案 ✔ |

| 階段二、
建立儲存
結構 | Chapter 11
建立 ACCESS 資料夾結構 ☞ You are here |
| | Chapter 12
實戰演練！這些筆記要放到哪裡 |

階段三、 開始存放 卡片	Chapter 13 建立卡片索引編號
	Chapter 14 實戰演練！ 用生活化例子來了解卡片索引編碼
	Chapter 15 建立索引筆記， 掌握卡片盒中的卡片編碼狀況
	Chapter 16 如何建立卡片的連結？
	Chapter 17 常見問題解答， 釐清多數人對索引編號的誤解

12 【階段二】
建立儲存結構（2）：
實戰演練！這些筆記要
放到哪裡？

學完了處理筆記檔案的方式（編號 10 文章）、ACCESS 資料夾分類（編號 11 文章），這個章節我們來一個實際演練。

看看每一種 "筆記檔案" 應該要放到 ACCESS 哪個資料夾中，並且如何作相對應的處理。

【背景假設】

假設我們有以下的筆記檔案需要作處理，分別是：

- 2022-08-28 daily note（每日日記）
- 不要用「大詞」來解釋事情，那只會顯露自己的無知
- Daily note template（每日日記模版）
- 網路文章閱讀筆記
- 專案：寫一本《使用 Obsidian 實作卡片盒筆記法》的書籍

- MOC：對自己，如何避免被其他人紛亂的意見擾亂思緒，以達成真的在做事情

2022-08-28 daily note

› **1 Quote**

› **2 One Year Ago...**

› **3 每日成功日記**

4 Ideas

- 10:30 打掃家裡
- 15:30 寫晨間日記
- 15:40 處理讀書會簡報
  - 更改簡報的時間
  - 製作讀書會問卷的心智圖
- 16:08 閱讀 📚 07.01 打造超人思維 ✅
- 20:00 讀書會 > ✅ T-2022_讀書會_卡片盒筆記法
  - 本日有 39 位朋友參加讀書會，應該會是 6 場讀書會人最多的一次 😄

3.2a 不要用「大詞」來解釋事情，那只會顯露自己的無知

這個段落讓我想解釋盡量簡單，能用白話文說的事情就不要硬要用專業術語說。最重要的技巧就是用譬喻 (用已知類比未知)，用生活中常見的事物來說明的內容。

Reference

- 14:52 閱讀 我讨厌大词儿 (qq.com) ⤢
  - 3.2a 不要用「大詞」來解釋事情，那只會顯露自己的無知 > Note

比如最近大家都在问啥是 元宇宙 呀？哦，简单，就是区块链、web3、NFT，以及 VR 的结合。那啥叫 web3 呀？哦，就是 web2 的 去中心化的 ，基于 加密算法 和 共识机制 的进化版本。那啥是 web2 呀？哦。简单，就是 元宇宙 的上一个形态。完美闭环，没法接着问了。

我在面试的时候，最喜欢问的题，都希望对方用 6 岁的孩子，或者 80 岁的老奶奶能听懂的方法解释一些技术名词，比如，"你能跟 80 岁的奶奶解释一下我输入一个网址以后到看到网页之间发生了什么吗？"

Daily note Template

> ## 1. Quote

> ## 2 One Year Ago

> ## 每日成功日記

> ## Ideas

🖥 2022 Twitter 上值得關注的 25 位 KOL

> Properties

> **Metadata**

Note

這篇貼文來自 Twitter 上的一位用戶-Abhishek Shah，他分享自己在一個月內「追蹤者從 5000 到 25000」的秘訣，就是研究與學習 25 位大量追蹤者 KOL。

我列出前 10 位 KOL 與他們專精的領域，他們各自的 Twitter thread 放在留言處：

1. Blake Burge：數位工具生產力
2. Romeen Sheth：職涯成長
3. Aadit Sheth：個人成長
4. Jesse Pujji：新創 & 說故事
5. Trung Phan：心理學 & 說故事
6. Codie Sanchez：財務自由
7. Alex & Books：讀書心得
8. Dickie Bush：寫作
9. Sahil Bloom：財金知識
10. Shaan Puri：加密貨幣 & 商業

🚧 P-2022~2023 寫書《使用 Obsidian 實作卡片盒筆記法》

> Properties

H2 > **關聯專案 …**

H2 **任務**

H3 **1. 書籍撰寫與校稿**

- 寫稿
  - X 將草稿放到 Notion
  - ☑ 將草稿放到 Google Doc > 使用 Obsidian 實作卡片盒筆記法 - Google 文件 🔗 ⏰ 2022-11-18 📅 2022-11-18 ☑️ 2022-11-18
  - ☑ 補充圖片 ✏️ 2022-12-05 ☑️ 2022-12-07
  - ☑ 一校校稿 ☑️ 2022-12-21
    - ☑ Chapter 0 ☑️ 2022-12-07
    - ☑ Chapter 1 ☑️ 2022-12-07
    - ☑ Chapter 2 ☑️ 2022-12-07
    - ☑ Chapter 3 ☑️ 2022-12-08

🚀 MOC-對自己，如何避免被其他人紛亂的意見擾亂思緒，以達成真的在做事情

- Main idea
  - 聽大多數人的話，參考少數人的意見，自己做決定
  - 給建議的人自己跟我在同場遊戲中嗎 ...
  - 辨別給建議的人 ...

我們該如何處理這些檔案，並放入到 ACCESS 對應的資料夾中呢？

一共有 3 個步驟：

- 放入 Inbox
- 依序處理 Inbox 中的筆記
- 重複以上循環

12-1. 步驟 1：放入 Inbox

所有的筆記放到 Obsidian（或你的數位筆記軟體）的時候，首先一定是放到 Inbox 資料夾中。

我們在「09」中提到：

隨手寫下的靈感都先往 Inbox 吧！ Inbox 的功能只有一個：收集臨時、尚未加工處理的筆記。

因此第一步就是把新建立的筆記往 Inbox 資料夾放，等到有時間的時候再逐個處理。

12-1. 步驟 2：依序處理 Inbox 中的筆記

找一個有空檔的時間（例如 30 分鐘），打開 Obsidian 的 Inbox 開始處理筆記檔案。

請按照檔案的預設順序逐個處理，你不應該跳著處理。依據個人經驗，逐個處理是最有效率的作法。

- 2022-09-28 daily note（每日日記）
  - 屬於「日誌類」的筆記，因此移動到 Calendar 資料夾。
- 不要用「大詞」來解釋事情，那只會顯露自己的無知
  - 屬於自己寫的卡片，因此移動到 Card 資料夾。
- Daily note template（每日日記模版）

- 屬於「特殊功能」的筆記，因此移動到 Extra 資料夾。
- 網路文章閱讀筆記
  - 屬於「資訊來源 > Article（網路文章）」的筆記，因此存放到 Source 資料夾。

Note

若你在此則「網路文章閱讀筆記」中有自己寫下的筆記內容，請依據「06」章節的教學，自己判斷這些筆記內容是否要寫成永久卡片。

若要寫成永久卡片，則「永久卡片」將存入 Card 資料夾，原先的「網路文章閱讀筆記」存入至 Source 資料夾。

- 專案——寫一本《使用 Obsidian 實作卡片盒筆記法》的書籍
  - 屬於「專案筆記」，因此存放到 Space 資料夾。
- MOC——對自己，如何避免被其他人紛亂的意見擾亂思緒，以達成真的在做事情
  - 屬於 MOC 筆記，因此放到 Atlas 資料夾。

12-3. 步驟 3：重複以上循環

持續按照以上步驟，就能將放到 Obsidian 中的筆記有條理的存放。

要實踐以上流程，我有 3 點經驗分享。

■1. 定期整理

請依據自己的習慣固定執行以上流程，可以 2–3 天做一次、也可以 3–5 天做一次。但一定要記住：存放在 Inbox 中的筆記一定要處理。

■2. 調整頻率

如果你發現 1–2 天後 Inbox 的筆記數量就爆滿了，這說明了：你的「處理速度（Process）」跟不上你的「輸入速度（Input）」。

這個狀況常發生在我們閱讀太多的網路文章、且什麼內容都想記下來的時候。請放慢你的「輸入速度（Input）」，不要什麼內容都想要記下來。

point **一個好用的原則是：規定自己一天只能寫 3–5 則筆記，超過了就要決定哪些筆記應該要丟棄。**

■3. 持續練習

學習任何的新工具、新流程都會有一段磨合期。

請至少練習這套筆記處理流程 1–2 周，並在過程中觀察與記錄自己覺得不順暢的地方（不要用腦袋記，是真的要寫下來）。

後續你可以自行考慮是否要新增／刪除某段流程。

PART **2.** 存卡片

存卡片總覽

Chapter 8
存卡片的三個階段 ✓

階段一、
了解管理
概念

Chapter 9
建立 Inbox 存放暫時性的數位筆記 ✓

Chapter 10
如何處理筆記檔案 ✓

階段二、
建立儲存
結構

Chapter 11
建立 ACCESS 資料夾結構 ✓

Chapter 12
實戰演練！這些筆記要放到哪裡 ☞ You are here

階段三、
開始存放
卡片

Chapter 13
建立卡片索引編號

Chapter 14
實戰演練！
用生活化例子來了解卡片索引編碼

Chapter 15
建立索引筆記，
掌握卡片盒中的卡片編碼狀況

Chapter 16
如何建立卡片的連結？

Chapter 17
常見問題解答，
釐清多數人對索引編號的誤解

13 【階段三】
開始存放卡片（1）：建立卡片索引編號

知道了筆記檔案如何透過 ACCESS 方法存放後，我們將目光聚焦在 Card（卡片）這個資料夾中。

在 Part I 我們學會了「寫卡片」，下一道難題是：如何連結一張又一張的卡片。這個章節我會教大家如何連結卡片、把自己的卡片（想法）一個個串連起來。

這個章節我們會講 5 個重點：

- 卡片索引編號是路標，能指引閱讀順序
- 魯曼的卡片索引編號如何建立？
- 先編列大的主題號碼
- 編列卡片號碼的方法
- 想法串列

13-1. 卡片索引編號是路標，能指引閱讀順序

建立「卡片索引編號（Card Index）」是串起個人想法的關鍵。

你可能好奇：「都已經使用數位筆記了，何必還要人工給每張卡片打上編號呢？」原因是：

point

卡片編號能夠記錄我們思考的先後順序。

當我們將卡片（想法）加入卡片盒中時，目的不外乎是以下 4 個動作：

- 加入新卡片
- 補充既有卡片
- 反駁既有卡片
- 整合既有卡片

這些動作有先有後，光是觀察動作的發生次序對思考就有有極大幫助。

例如你想要學習「寫作」這個主題，寫下卡片的順序可能是：

順序 1. 加入新卡片（想法）

寫作要每天寫、每天練習才有效

↓

卡片 1

順序 2. 補充既有卡片（想法）

要每天寫的壓力很大，但如果是記錄自己今天學習到的事情，那就可以持續寫下去了

↓

卡片 2

順序 3. 反駁既有卡片（想法）

但是要記錄每個學習到的內容會非常花時間，因此只需要挑 1 件自己覺得有價值的事情來寫就好

↓

卡片 3

順序 4. 整合既有卡片（想法）

寫作要每天寫、每天練習才有效，但是如果要記錄每個學習到的內容會非常花時間，因此只需要挑 1 件自己覺得有價值的事情來寫就好

↓

卡片 4

卡片 1
寫作要每天寫、每天練習才有效。

補充

卡片 2
要每天寫的壓力很大，但如果是記錄自己今天學習到的事情，那就可以持續寫下去了。

反駁

卡片 3
但是要記錄每個學習到的內容會非常花時間。因此只需要挑 1 件自己覺得有價值的事情來寫就好。

整合

卡片 4
寫作要每天寫、每天練習才有效，但是如果要記錄每個學習到的內容會非常花時間，因此只需要挑 1 件自己覺得有價值的事情來寫就好。

未來當我們在瀏覽自己的卡片時，假設從卡片 2 開始看起：

- **往前（卡片 1）可以了解：**自己最初對「寫作」的認知是「寫作要每天寫、每天練習才有效」

- **往後（卡片 3）可以了解：**目前自己對「寫作」的認知是「寫作要每天寫、每天練習才有效，但如果要記錄每個學習到的內容會非常花時間，因此只需要挑 1 件自己覺得有價值的事情來寫就好」

觀察「順序」，就能了解自己想法的「更新紀錄」。

但是如何記錄卡片（想法）的順序呢？聰明的魯曼教授想到：給卡片建立索引編號。

當我們想知道一件事情、想法發生的始末時，「卡片索引編號」能像是路標告訴我們：這張卡片（想法）的前因後果是什麼。

選擇一個想法路口（例如上方的卡片 2），按照路標的指引在卡片之間遊走，就能建立對複雜主題的理解。

例如

- 卡片 2 → 1：了解自己對寫作的初步印象
- 卡片 2 → 3 → 4：了解自己對寫作的想法更新

每張卡片雖然在不同時間寫下，但只要在存入卡片時接續編碼，就能慢慢地將「一條」完整的想法串連起來。

下面來看卡片編碼的方法。

13-2. 魯曼的卡片索引編號如何建立？用數字和字母進行編碼

魯曼的卡片索引編號是由「英文」與「數字」交錯而成的編號。

要了解魯曼建立編號的方法，我參考了 2 篇國外研究卡片盒專家的論文：《Niklas Luhmann's Card Index- Thinking Tool, Communication Partner, Publication Machine》和《When Does Niklas Luhmann's Card Index Come From？》。

參考下方圖片與建立卡片索引編號的細節 [1]：

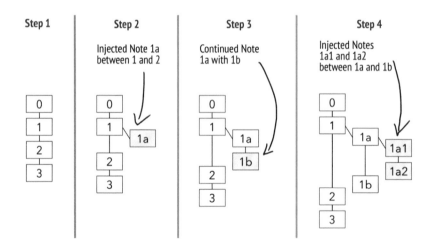

- 1/1 表示 1 主題的第 1 個想法
- 1/1a 表示 1/1 想法的第 1 個想法
- 1/1b 表示 1/1a 想法的延續想法，也是 1/1 的第 3 個想法
- 1/1a1 表示 1/1a 想法的第 1 個想法

- 1/1b1 表示 1/1b 想法的第 1 個想法

- 2 表示 2 主題的第 1 個想法

- 3 表示 3 主題的第 1 個想法

來看個實際例子，以《Niklas Luhmann's Card Index- Thinking Tool, Communication Partner, Publication Machine》論文中提到魯曼的卡片為例（參考下圖）：

21 Concept of function
   21/3 Unit of reference in functional analysis
   21/3d Concept of system (clarification of the concept of system)
     21/3d1 Concept of system – concept of continued existence (relative invariance)
     21/3d5 Parsons' systems theory
     21/3d7 Systems/environment theory (system – environment relations)
     21/3d18 System/world
      21/3d18d Meaning
     21/3d19 System boundaries
     21/3d20 Simple/complex systems
     21/3d26 Function of system formation
      21/3d26g1 Systems-theoretical concept of reflection
      21/3d26g1i Autopoiesis
     21/3d27f Application areas of the theory of social systems
     21/3d27fA Theory of organized social systems
     21/3d27fB Theory of society
   21/4 Functional/dysfunctional
   ...

注意：

- **符號／前方代表是主題**，這些卡片的主題都屬於 21 Concept of function。

- 符號／後方代表是想法，例如 21/3 Unit of reference in function analysis、21/3d Concept of system（clarification

133

of the concept of system）。

　由於數字和字母可以不斷新增編碼，因此可以容納個人一生的想法（多產的魯曼教授，一生寫 90000 張卡片也夠用）。

　以我自己的卡片索引編碼為例，我的編號 1 都屬於「卡片盒筆記法」，編碼範例如下（由於 Obsidian 的檔案標題不支援 /，因此我是用 . 作為分隔符號。例如 1/1 就寫成 1.1。）：

- 1.1a1 @Niklas Luhmann 的卡片編號是用數字 (number) + 字母 (alphabet) 組合而成
  - 1.1a1a 在 Obsidian 中使用 Dataview 排序卡片索引編號的方法
  - 1.1a1b 魯曼卡片 ID 帶給卡片盒 (檔案排序) 的特性
    - 1.1a1b1 加入卡片時編碼的原則與方法
      - 1.1a1b1a 卡片索引編號是 Key Value paired

13-3. 先編列大的主題號碼

了解了編碼原則後，那我們如何開始呢？

我建議從任何一個你感興趣的主題開始，依序建立主題號碼。

你可以依據卡片新增的狀況，決定是否要編列新的主題號碼。
例如你近期對「卡片盒筆記法」非常有興趣，也寫了非常多關於
「卡片盒筆記法」的卡片，此時你可以先編列「1 卡片盒筆記法」
即可。

隨著你學習與感興趣的主題慢慢變多，會開始新增新的主題編
碼。例如你開始關注「個人知識管理」、「生活」2 個主題，你
可以按照順序開始編碼，例如：

● 2 個人知識管理

● 3 生活

此時你可能會好奇說：但我如何知道要在原本的主題繼續編碼、
還是要新增主題編碼呢？例如我寫了一張「寫故事的公式」卡片，
這樣我是要…

1. 使用已存在的主題：「1 卡片盒筆記法／2 個人知識管理／3
   生活」進行編碼？

2. 還是新增主題編碼「4 故事」？

**我的建議是：請觀察你是在讀什麼樣的書籍、文章時，寫下了
這張卡片。依據你獲取這項資訊的源頭，會有不一樣的處理方式。**

例如你在…

- **情況 1**：卡片盒筆記法相關的文章中，看到了作者提到了卡片盒筆記法也可以用來「寫故事」，此時你寫下卡片的脈絡是「卡片盒筆記法 > 寫故事」，因此你應該使用「1 卡片盒筆記法」開始編碼。

- **情況 2**：在「如何寫故事」書籍中看到的方法，此時你應該新增一個主題為「4 故事」，然後用 4 開始替這張卡片進行編碼。

> **point** | **當你使用「從哪裡獲取這項資訊」來判斷時，就能找到適合這主題號碼。**

13-4. 編列卡片號碼的方法：掌握 2 個原則

接著加入卡片，加入時可以一邊編寫卡片索引編號。原則有 2 條：

- **原則 1**：如果新卡片跟既有卡片無關，新增編號
- **原則 2**：如果新卡片跟既有卡片有關，繼續編號

編號的邏輯是「數字和英文交替出現」。

來看原則 1 範例 ...

- **第一張卡片**：卡片盒筆記法是什麼？→編碼為 1.1

- 第二張卡片：知識管理是什麼，我認為跟「主題 1- 卡片盒筆記法」無關→編碼為 2.1

來看原則 2 範例 ...

- 第三張卡片：卡片盒中的元素，因為跟第一張卡片有關→編碼為 1.1a
- 第四張卡片：卡片索引，因為跟第三張卡片有關→編碼為 1.1a1
- 第五張卡片：魯曼的卡片是用數字（number）＋字母（alphabet）組合而成，因為跟第四張卡片有關→編碼為 1.1a1a
- 第六張卡片：個人知識管理的歷史，因為跟第二張卡片有關→編碼為 2.1a
- 第七張卡片：個人知識管理的範例，跟第六張卡片有關→編碼為 2.1a1

- 1.1 卡片盒筆記法是什麼？
  - 1.1a 卡片盒中的元素
    - 1.1a1 卡片素引
      - 1.1a1a 魯曼的卡片是用數字 (number)＋字母 (alphabet) 組合而成
- 2.1 知識管理是什麼
  - 2.1a 個人知識管理的麻史
    - 2.1a1 個人知識管理的範例

你可能會說：「不對呀，我覺得 "知識管理是什麼" 這張卡片

跟"卡片盒筆記法是什麼？"有關，這樣我編碼要怎麼編？」

這就是卡片盒筆記法有趣的地方，每個人詮釋與連結知識的方式都不同。

- **如果你覺得兩者有關：**那麼"知識管理是什麼"要編碼為 1.1a（因為接在 1.1 卡片盒筆記法是什麼？後面）
- **如果你覺得兩者無關：**如前面所述編碼為 2.1"知識管理是什麼"。

13-5. 想法串列

那這串編碼愈來愈長時，透過編碼就能立刻知道想法的更新狀況。

例如：

- 1.1 卡片盒筆記法是什麼？
    - 1.1a 卡片盒中的元素
        - 1.1a1 卡片索引
            - 1.1a1a 魯曼的卡片是用數字 (number) ＋字母 (alphabet) 組合而成
        - 1.1a2 如果新卡片必須要插入到既有筆記前面的話也沒有關係，因為索引可以往下遞增
        - 1.1a3 如果不加入ID，怎麼實作卡片盒？

「1.1a 卡片盒中的元素」這個想法分岔成 3 個相關的想法，分別是：

- 1.1a1 卡片索引

- 1.1a2 如果新卡片必須要插入到既有筆記前面的話也沒有關係，因為索引可以往下遞增

- 1.1a3 如果不加入 ID，怎麼實作卡片盒？

- **1.1a 卡片盒中的元素**

  1 • 1.1a1 卡片素引

    - 1.1a1a 魯曼的卡片是用數字 (number) ＋字母 (alphabet) 組合而成

  2 • 1.1a2 如果新卡片必須要插入到既有筆記前面的話也沒有關係，因為索引可以往下遞增

  3 • 1.1a3 如果不加入ID，怎麼實作卡片盒？

這就是編碼帶來的效果，所有的想法都能找到"來源"與"後續"的更新。

這一章的內容很多也比較抽象，下一章我透過實際案例帶你走過卡片編碼的所有過程。

PART 2. 存卡片

存卡片總覽

Chapter 8
存卡片的三個階段 ✓

**階段一、
了解管理
概念**

Chapter 9
建立 Inbox 存放暫時性的數位筆記 ✓

Chapter 10
如何處理筆記檔案 ✓

**階段二、
建立儲存
結構**

Chapter 11
建立 ACCESS 資料夾結構 ✓

Chapter 12
實戰演練！這些筆記要放到哪裡 ✓

**階段三、
開始存放
卡片**

Chapter 13
建立卡片索引編號

👉 *You are here*

Chapter 14
實戰演練！
用生活化例子來了解卡片索引編碼

Chapter 15
建立索引筆記，
掌握卡片盒中的卡片編碼狀況

Chapter 16
如何建立卡片的連結？

Chapter 17
常見問題解答，
釐清多數人對索引編號的誤解

14 【階段三】 開始存放卡片（2）：實戰 演練，用生活化例子來了 解卡片索引編碼

為了把卡片編碼的邏輯講的更清楚，這個章節我打算用非常生活化的例子，幫助大家理解卡片編碼的規則。

讓我們先快速複習編碼的兩個重要原則：

● 原則 1：如果新卡片跟既有卡片無關，新增編號。

● 原則 2：如果新卡片跟既有卡片有關，繼續編號。

編號的邏輯是「數字和英文交替出現」。

14-1. 一步步用生活化的例子，來學習卡片編碼

我們假設目前的卡片盒中有一張卡片叫做「水果」卡片，因為它是第一張被加入的卡片，因此被編碼為「1 水果」。

此時有一張新卡片叫「香蕉」，請問它會如何編碼呢？

「香蕉」是一種水果，應該放在「1 水果」的後面，因此編碼為「1a 香蕉」。

接著有一張新卡片叫「水果茶」，請問它會如何編碼呢？

1 水果 — 1a 香蕉

把握兩個重要原則

1. 如果新卡片跟既有卡片<u>無關，新增編號／英文</u>
2. 如果新卡片跟既有卡片<u>有關，繼續編號／英文</u>

? 水果茶

既有卡片　　　新卡片

「水果茶」是用水果製成的，但跟「1a 香蕉」沒關係，因此編碼為「1b 水果茶」。

接著有一張新卡片叫「汽車」，請問它會如何編碼呢？

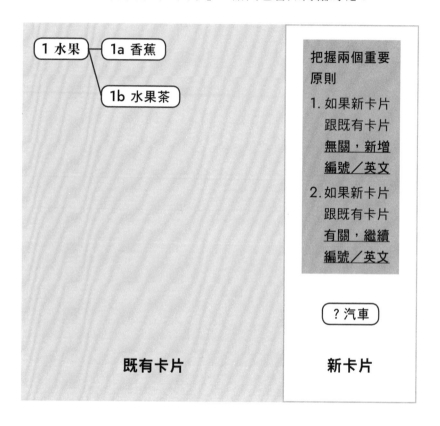

把握兩個重要原則

1. 如果新卡片跟既有卡片 <u>無關，新增編號／英文</u>

2. 如果新卡片跟既有卡片 <u>有關，繼續編號／英文</u>

? 汽車

既有卡片　　　　新卡片

「汽車」跟水果完全沒關係，屬於新主題，因此編碼為「2 汽車」。

接著有一張新卡片叫「公車」，請問它會如何編碼呢？

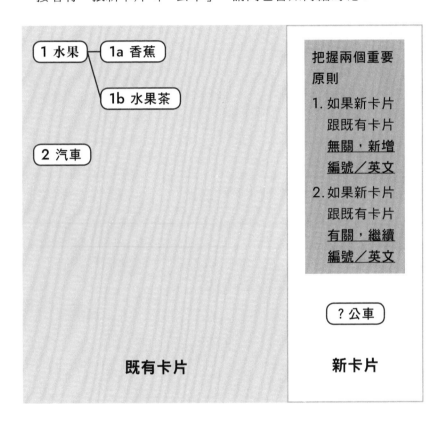

把握兩個重要原則

1. 如果新卡片跟既有卡片**無關**，新增編號／英文

2. 如果新卡片跟既有卡片**有關，繼續**編號／英文

? 公車

1 水果 —— 1a 香蕉

1b 水果茶

2 汽車

既有卡片　　　　　　新卡片

145

「公車」跟「汽車」同屬於交通工具，應該放在「2 汽車」後面，因此編碼為「2a 公車」。

接著有一張新卡片叫「筆記軟體」，請問它會如何編碼呢？

| 既有卡片 | 新卡片 |

「筆記軟體」跟水果和交通工具完全沒關係,屬於新主題,因此編碼為「3 筆記軟體」。

最後有一張新卡片叫「一芳(賣水果茶的飲料店)」,請問它會如何編碼呢?

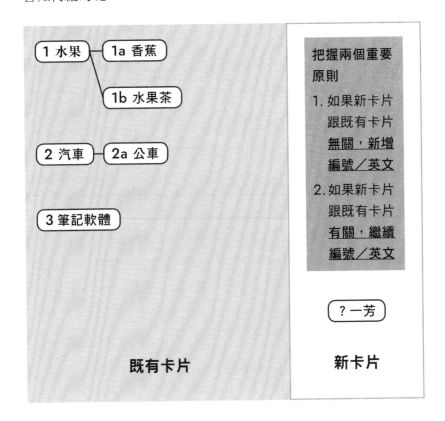

「一芳」的飲料為水果茶，因此跟水果、水果茶，因此編碼為「1b1 一芳」。

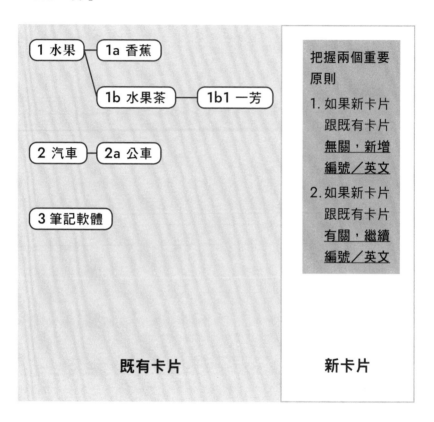

14-2. 觀察卡片盒中的卡片，替新卡片編碼

　　替新卡片編碼的時候，我們會先觀察卡片盒中的編碼現況，依據「哪一張卡片的概念跟新卡片最相近」來替新卡片編碼。

　　隨著加入的卡片愈多，卡片的分支狀況也會變得愈來愈複雜，因此需要「索引筆記（index note）」來記錄卡片盒中的編碼現況。

　　怎麼做呢？翻到下一頁繼續看下去吧！

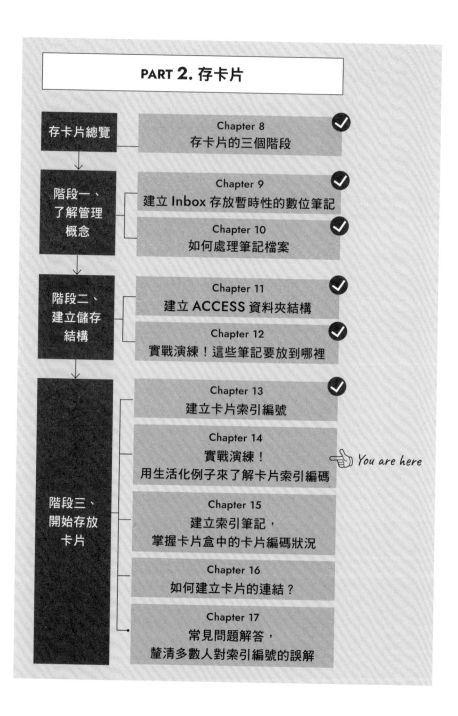

PART 2. 存卡片

存卡片總覽 — Chapter 8 ✓
存卡片的三個階段

階段一、了解管理概念 — Chapter 9 ✓
建立 Inbox 存放暫時性的數位筆記

Chapter 10 ✓
如何處理筆記檔案

階段二、建立儲存結構 — Chapter 11 ✓
建立 ACCESS 資料夾結構

Chapter 12 ✓
實戰演練！這些筆記要放到哪裡

階段三、開始存放卡片 — Chapter 13 ✓
建立卡片索引編號

Chapter 14
實戰演練！
用生活化例子來了解卡片索引編碼

You are here

Chapter 15
建立索引筆記，
掌握卡片盒中的卡片編碼狀況

Chapter 16
如何建立卡片的連結？

Chapter 17
常見問題解答，
釐清多數人對索引編號的誤解

15 【階段三】 開始存放卡片(3)：建立 索引筆記，掌握卡片盒的 編碼狀況

當卡片盒中的卡片數量愈來愈多時，一種特殊的筆記：「索引筆記（index note）」因應管理的需求而生。

「索引筆記」記錄目前卡片盒中 "所有卡片" 的編碼狀況，讓我們能用俯瞰的視角管理卡片。

這個章節我們會講 4 個重點：

- 索引筆記的建立方式
- 替新卡片編碼時，一併記錄到索引筆記中
- 將卡片移動到相對應的資料夾
- 在「索引筆記」上加上註解，讓自己知道某條卡片串列是在講什麼概念

15-1. 重點 1. 索引筆記的建立方式

在「13」章節中，提到了編列主題號碼的方法。我們在建立索引筆記時，就是根據主題號碼來建立索引筆記。

例如卡片盒中有以下的主題與號碼：

- 1 卡片盒筆記法
- 2 個人知識管理
- 3 生活
- 4 生產力
- 5 人脈連結

此時替主題分別建立一則筆記檔案，標題命名為 Index-{ 主題號碼主題 }。

以上方的主題為例就是：

- Index-1 卡片盒筆記法
- Index-2 個人知識管理
- Index-3 生活
- Index-4 生產力
- Index-5 人脈連結

我會將索引筆記放到 ACCESS 資料夾中的 Atlas 中管理（參考編號 11 文章）。

下方是索引筆記的範例圖片，索引筆記會記錄該主題下的卡片

編碼狀況，未來若建立新的主題時（例如人脈連結），也要同步新增新的索引筆記（Index-5 人脈連結）。

- 5.1 和舊人脈重新建立連結的方法，就是使用社群軟體的「歷史回顧功能」
  - 5.1a 在 Facebook 上和別人互動時，可以舉手之勞幫忙按個讚
- 5.2 寫作要多寫關於「人」的事情
- 5.3 如何正確地給其他人回饋？
  - 5.3a 在想要給予別人讚美回饋時，口語上要盡量拿掉「我覺得」
  - 5.3b 維持人際關係的秘訣就是要多鼓勵其他人，補充對方心靈的營養
- 5.4 雙鍊筆記工具的連結只能保證資訊的連接，但不能保證資訊的共享

15-2. 重點 2. 替新卡片編碼時，一併記錄到索引筆記中

當我們在加入新卡片並進行編碼時，也要同步新卡片的內部連結，更新該主題的索引筆記。

例如：

新增 "1.1a
卡片索引編號"
▼
更新 Index-1 卡片
盒筆記法

新增 "2.1a 個人
知識管理是什麼"
▼
更新 Index-2
個人知識管理

新增 "3.1a 晨間
日記是一種
寫日誌的方式"
▼
更新 Index-3
生活

新增 "4.1a 不好的工作流
會對寫作造成什麼問題"
▼
更新 Index-4 生產力

新增 "5.1a 在 Facebook
上和別人互動時,
可以舉手之勞幫忙按個讚"
▼
更新 Index-5 人脈連結

更新方式為：在 Index 筆記中插入新卡片的內部連結。

以 "5.1a 在 Facebook 上和別人互動時,可以舉手之勞幫忙按個讚 " 為例,可以在 Index5- 人脈連結筆記中,輸入 [[來連結 5.1a 這張卡片。（這是 Obsidian 上的筆記連結方式,你也可以使用自己使用的筆記軟體中的功能進行連結。）

Index

- 5.1 和舊人脈重新建立連結的方法，就是使用社群軟體的「歷史回顧功能」
  - [[5.1a 在 face   輸入 [[插入內部連結

- 5.2 寫作

- 5.3 如何

  5.1a 在 Facebook 上和別人互動時，可以舉手之勞幫忙按個讚
  Cards/5 Connection/

  Type # to link heading   **Type ^** to link blocks   **Type |** to change display text

  - 5.3

未來當新的卡片需要編碼的時候，開啟對應主題的索引筆記，就能知道目前這個主題的編碼狀況了。

排列卡片內部連結的方式很簡單，請使用列點（bullet point）並依照編碼的順序，階層式的排列卡片的內部連結。

例如：

- 1.1
    - 1.1a
            - 1.1a1
    - 1.1b
- 1.2
    - 1.2a
    - 1.2b
- 1.3
    - 1.3a
            - 1.3a1
                - 1.3a1a

下方範例取自我的「1 Zettelkasten 索引卡片」。

- 1.1 Q-卡片盒中包含的元素有哪些?
    - 1.1a 卡片索引編號
        - 1.1a1 @Niklas Luhmann 的卡片編號是用數字 (number) + 字母 (alphabet) 組合而成
            - 1.1a1a 在 Obsidian 中使用 Dataview 排序卡片索引編號的方法
            - 1.1a1b 魯曼卡片 ID 帶給卡片盒 (檔案排序) 的特性
                - 1.1a1b1 加入卡片時編碼的原則與方法
                    - 1.1a1b1a 卡片索引編號是 Key Value paired
        - 1.1a2 如果新卡片必須要插入到既有筆記前面的話也沒有關係，因為索引可以往下遞增

15-3. 重點 3. 將卡片移動到相對應的資料夾

當我們替卡片編碼後，記得將卡片移動到 Cards 的相對應資料夾下。

首先在 Cards 資料夾下，依據索引主題新增對應名稱的資料夾。例如

- 1 卡片盒筆記法
- 2 個人知識管理
- 3 生活
- 4 生產力
- 5 人脈連結

∨ Cards

    > 1 卡片盒筆記法

    > 2 個人知識管理

    > 3 生活

    > 4 生產力

    > 5 人脈連結

依據索引主題新增對應名稱的資料夾

接著依據卡片編號,將相對應的卡片移動到該資料夾下。例如

"1.1a 卡片索引編號" ▼ 移動到 1 卡片盒筆記	"2.1a 個人知識管理是什麼" ▼ 移動到 2 個人知識管理	"3.1a 晨間日記是一種寫日誌的方式"" ▼ 移動到 3 生活
"4.1a 不好的工作流會對寫作造成什麼問題" ▼ 移動到 4 生產力	"5.1a 在 Facebook 上和別人互動時,可以舉手之勞幫忙按個讚" ▼ 移動到 5 人脈連結	

到這邊為止,我們就完成了卡片的歸檔。

15-4. 重點 4. 在「索引筆記」上加上註解，讓自己知道某條卡片串列是在講什麼概念

當索引筆記中累積的卡片內部連結愈來愈多的時候，可以開始替串列加上備註，提醒自己這調串列主要在說什麼樣的內容。

例如下方在講「卡片的編碼方式」：

- 1.1 Q-卡片盒中包含的元素有哪些?
  - 卡片的編碼方式　在索引筆記中加入註解
  - 1.1a 卡片索引編號
    - 編碼規則與特性
      - 1.1a1 @Niklas Luhmann 的卡片編號是用數字 (number) + 字母 (alphabet) 組合而成
        - 1.1a1a 在 Obsidian 中使用 Dataview 排序卡片索引編號的方法
        - 1.1a1b 魯曼卡片 ID 帶給卡片盒 (檔案排序) 的特性
          - 1.1a1b1 加入卡片時編碼的原則與方法
            - 1.1a1b1a 卡片索引編號是 Key Value paired
    - 1.1a2 如果新卡片必須要插入到既有筆記前面的話也沒有關係，因為索引可以往下遞增
    - 反對卡片編碼的想法
      - 1.1a3 Q-如果不加入ID，怎麼實作卡片盒？
        - 1.1a3a QA-為什麼大家會對建立 index 感到很矛盾？

只要加上註解，就會對這條串列的概念一目了然。

當新卡片愈來愈多的時候，可以透過註解快速查詢串列，加快替新卡片編碼的速度。（如下圖的框框處）

- 1.1 Q-卡片盒中包含的元素有哪些?
  - 卡片的編碼方式
    - 1.1a 卡片索引編號
      - 編碼規則與特性
        - 1.1a1 @Niklas Luhmann 的卡片編號是用數字 (number) + 字母 (alphabet) 組合而成
          - 1.1a1a 在 Obsidian 中使用 Dataview 排序卡片索引編號的方法
          - 1.1a1b 魯曼卡片 ID 帶給卡片盒 (檔案排序) 的特性
            - 1.1a1b1 加入卡片時編碼的原則與方法
              - 1.1a1b1a 卡片索引編號是 Key Value paired
      - 1.1a2 如果新卡片必須要插入到既有筆記前面的話也沒有關係，因為索引可以往下遞增
      - 反對卡片編碼的想法
        - 1.1a3 Q-如果不加入ID，怎麼實作卡片盒？
          - 1.1a3a QA-為什麼大家會對建立 index 感到很矛盾？
    - 為什麼我們該替卡片編碼的原因
      - 1.1a4 魯曼的卡片索引編號跟重要性無關
        - 1.1a4a 魯曼的卡片索引編號是為了區分卡片知識的不同脈絡
          - 1.1a4a1 用「地理位置 (經緯度)」來思考卡片索引的觀念
          - 1.1a4a2 把魯曼的卡片索引編號化成分枝圖，其實就是一顆無限生長的知識大樹
          - 1.1a4a3 QA-為什麼卡片索引在卡片盒筆記法中很重要？
            - 1.1a4a3a 魯曼的卡片索引，其實就是一種分類
      - 1.1a4b 加入一則新筆記 (卡片) 時我們可以做 3 件事情 - 比較、修正、區別

以上就是索引筆記的建立與維護方式。

索引筆記對於寫文章非常有用，我會在「Part III. 用卡片」教大家如何從索引筆記提取寫作靈感，並搭配串列中的卡片快速產出文章。

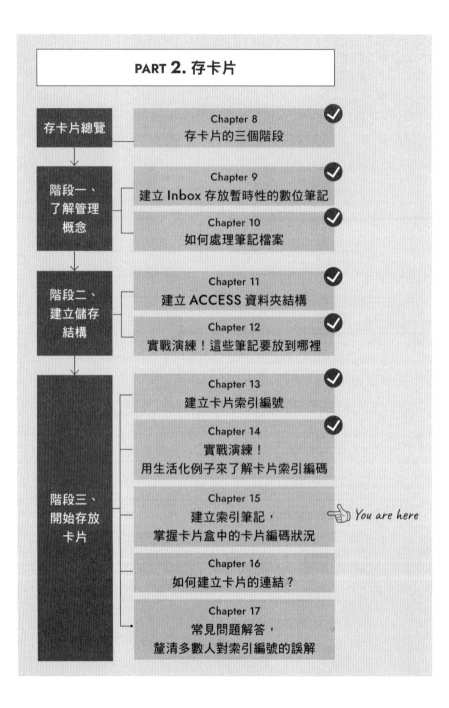

PART 2. 存卡片

存卡片總覽	**Chapter 8** 存卡片的三個階段 ✔

階段一、 了解管理 概念	**Chapter 9** 建立 Inbox 存放暫時性的數位筆記 ✔
	Chapter 10 如何處理筆記檔案 ✔

階段二、 建立儲存 結構	**Chapter 11** 建立 ACCESS 資料夾結構 ✔
	Chapter 12 實戰演練！這些筆記要放到哪裡 ✔

階段三、 開始存放 卡片	**Chapter 13** 建立卡片索引編號 ✔
	Chapter 14 實戰演練！ 用生活化例子來了解卡片索引編碼 ✔
	Chapter 15 建立索引筆記， 掌握卡片盒中的卡片編碼狀況　　👉 *You are here*
	Chapter 16 如何建立卡片的連結？
	Chapter 17 常見問題解答， 釐清多數人對索引編號的誤解

16 【階段三】
開始存放卡片（4）：如何建立卡片的連結？

學習完「卡片編碼（13）」及「索引筆記（15）」後，這個章節來說明跨主題的卡片應該如何連結。

在卡片盒筆記法中，許多人都會提到卡片要「連結」才會產生知識的複利效應，但這個「連結」到底該怎麼連才「好」呢？

這裡面有 3 個問題要回答。

● 什麼是連結？

● 什麼是「好」的連結？

● 所以，如何寫出「好的卡片連結」呢？

16-1. 什麼是連結？

如果把知識產出看作是一條生產線，卡片就是這一條生產線中重要的工人。

工人是否能發揮 1+1>2 的綜效，背後的關鍵在於「卡片之間的連結方式」。

我認為卡片連結以下 3 種：

1. 超連結

單方向的向外連結。例如我有一篇 Medium 的文章，文章網址能帶我每一次都到達同樣的文章，但是只能去、不能回。(在 Obsidian 中，是指對外的網站連結）

2. 雙向連結

來回方向的連結。例如我在 A 卡片中插入 B 卡片的連結、在 B 卡片中也插入 A 卡片的連結，達成在兩張卡片中跳轉，就是雙向連結。

3. 賦予意義的雙向連結

跟前者類似，但多了一層「自己給這個連結的解釋」。例如在 A 卡片中，加入「B 卡片是支持本張卡片的論點」的連結說明；在 B 卡片中，加入「A 卡片是本張卡片的結論」的連結說明。

像是 Obsidian，或是現在很多筆記軟體，能幫助我們自動建立第二種雙向連結，但我們要多寫第三種：「賦予意義的雙向連結」，才是真正有價值的連結。

B 卡片是支持 本張卡片的論點 （參考〔B 卡片〕） A 卡片	A 卡片是支持 本張卡片的結論 （參考〔A 卡片〕） B 卡片

16-2. 什麼是「好」的連結？

好的連結，能夠提醒我們「為什麼」要連結到其他卡片。

如同上一段舉例的 A、B 卡片，「賦予意義的雙向連結」告訴了讀者：

- A 卡片中插入 B 連結的目的，是需要 B 卡片的論證。
- B 卡片中插入 A 連結的目的，是因為可推導出 A 卡片的結論。

> **point**
>
> **重要的是：連結的意義只能由自己寫，無法由電腦或 AI 取代。為什麼？因為每個人的思考方式都是獨特的！**

多數人使用雙向連結筆記軟體最大的問題，就是沒有給連結賦予脈絡（context），難怪未來的自己心中常常 OS:「為什麼我需要這個連結？」

16-3. 所以，如何寫出「好的卡片連結」呢？

關鍵是加入能顯示「連結關係（link relationship）」的單字。

在要連結的卡片前方，加上 1 個簡短的英文字說明連結關係，並寫下約 10 字的脈絡說明。格式為：

- **連結關係**：這張卡片／筆記檔案和被連結的卡片／筆記檔案是什麼關係
- **連結脈絡說明**：連結的理由
- **連結的卡片／筆記檔案**：ref[[ ]] 代表的是 Obsidian 中連結到某張卡片

Child	我應用 PROS 的方法	（ ref 9.1k1 PROS 的流程，讓我想到可以優化三點短文）
連結關係	連結脈絡說明（連結的理由）	連結的卡片／筆記檔案

這種寫卡片連結的格式，可以清楚地描述卡片之間的連結關係。

那麼有哪些英文單字可以用呢？

常用到的有：

- **Parent**：能支持什麼結論
- **Related**：跟什麼卡片的概念有關

- Child：有什麼支撐的論點
- Apply to：能應用在哪則筆記的概念中
- Question：產生了什麼問題
- Can solve：能解決什麼問題

只要這樣記錄，未來的自己（讀者）就能清楚地知道為什麼要連結這張卡片，大幅提升知識生產線的運作效率。

舉個例子，假設有一張卡片叫做「寫作能提升學習能力」的卡片，在卡片中可以寫：

- Parent →能支持這個結論（參考 [[我認為寫作非常重要的原因]]）
- Related →教學也能提升學習能力（參考 [[我們都應該以教為學]]）
- Child →寫作就是一種對話，因此能提升學習能力（參考 [[對話能夠幫助思考，進而提升自己的學習能力]]）
- Apply to →寫完後的文章，可以發表到部落格（參考 [[將寫部落格設計為自己學習過程中的一環]]）
- Question →怎麼寫最有效率（參考 [[如何提升自己的寫作能力？]]）
- Can solve →提升後可增加學習效果（參考 [[我該如何提升學習效果？]]）

只要保持這樣寫卡片連結的習慣，未來複習到這張卡片時，就不會忘記當初連結到其他張卡片的原因了。

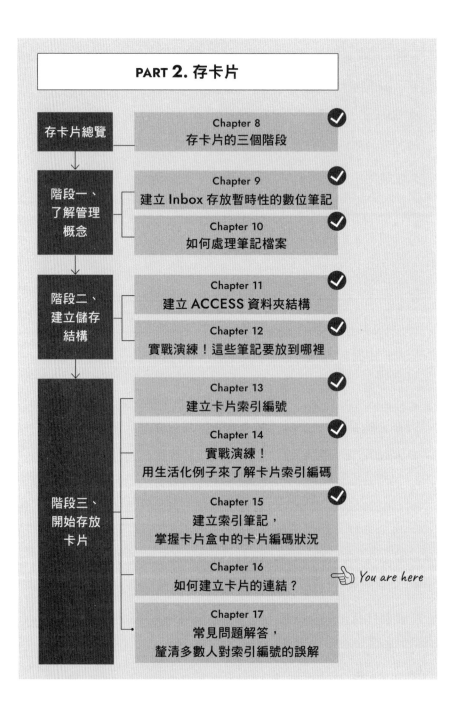

PART 2. 存卡片

| 存卡片總覽 | Chapter 8 存卡片的三個階段 ✓ |

| 階段一、了解管理概念 | Chapter 9 建立 Inbox 存放暫時性的數位筆記 ✓ |
| | Chapter 10 如何處理筆記檔案 ✓ |

| 階段二、建立儲存結構 | Chapter 11 建立 ACCESS 資料夾結構 ✓ |
| | Chapter 12 實戰演練！這些筆記要放到哪裡 ✓ |

階段三、開始存放卡片	Chapter 13 建立卡片索引編號 ✓
	Chapter 14 實戰演練！用生活化例子來了解卡片索引編碼 ✓
	Chapter 15 建立索引筆記，掌握卡片盒中的卡片編碼狀況 ✓
	Chapter 16 如何建立卡片的連結？ You are here
	Chapter 17 常見問題解答，釐清多數人對索引編號的誤解

17 【階段三】
開始存放卡片（5）：常見問題解答，釐清多數人對索引編號的誤解

「卡片編碼（13）」、「索引筆記（15）」、「卡片連結（16）」是多數新手容易產生疑惑的內容，以下則整理我最常被問到的 2 個問題。

【問題 1──卡片索引編號，會造成分類的問題嗎？】

對於索引我一直有個問題，這不就是種分類嗎？

例如說在學習這個主題下，我設立一個卡片為蔡加尼克效應，編號為 1.1。然後我過一陣子後發現，這個效應可以應用到愛情這個主題上，說明為什麼想忘很難忘。愛情的主題編號是 2，那這時候蔡加尼克效應這張卡片的編號怎麼編呢？

問題可以簡化成，如果這個想法跟兩個以上的想法有關連，編號該怎麼處理？

【問題 2——卡片索引編號如何表達在不同主題下的卡片，之間的連結關係？】

如果說今天要寫的主題是「知識管理」，這樣「知識管理」跟「卡片盒筆記法」之間沒有這種索引關係，會不會影響到寫作的效率呢？

17-1. 問題 1：卡片索引編號，會造成分類的問題嗎？

答案：不會，因為它跟「上一張卡片的相關性」有關係而已

仔細觀察，會發現大家對於「卡片索引編號」第一個卡關點就是「分類」。例如 1、1.1、1.1a、1.2…，疑，卡片盒不是要解決的就是知識分類的問題嗎？怎麼又往回走了呢？

在查詢參考資料時，我看到了德國論壇上一位網友的分享（連結：https://bit.ly/3q1vlYK）很好地解答了這個問題（注意下方的 Folgezettel 是魯曼編碼 ID 的意思 – 也就是數字、英文交錯編碼的方式）：

I reviewed how the Folgezettel worked, and then finally understood that it actually meant a direct, obvious connection between notes. Here's a picture of it from the zettelkasten.de blog, for your convenience:

為了回答大家對於魯曼 ID 編碼的疑惑，我稍微複習了魯曼 ID 的編碼方式。最後我了解到：索引編號代表的是「卡片之間直接、明顯的關聯」。為了讓大家方便參考，請大家看論壇上的一張卡片連結的運作圖 [1]

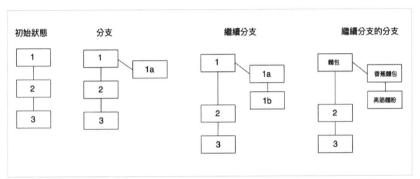

In the image above from this article, you'll see that {1a} and {1b} are Folgezettel to {1} – they continue a sequence from note {1}. Obviously, "banana bread" and "flour bread" doesn't necessarily connect to each other. That shows that Folgezettel doesn't mean hierarchy；it simply states a direct, obvious connection to the note it branched off of.

在圖上，你可以看到 {1a} 和 {1b} 是卡片編號 {1} 的接續卡片。很明顯地，「香蕉麵包」跟「高筋麵粉」並不一定要連結在一起，這也代表魯曼 ID 之間並不一定是「階層關係」。它只代表一個直接、明顯的連結，是可以從上一張卡片分支出去的想法。

從上面可知：卡片索引編號其實跟階層（分類）沒關係，而是跟「上一張卡片的相關性」有關係而已。因此，卡片索引編號也

不是解決「分類」問題，而是「想法串連的問題」。

以上面網友的問題為例：

在「學習」這個主題下，我設立一個卡片為「蔡加尼克效應」[2]，編號為 1.1。然後我過一陣子後發現，這個效應可以應用到「愛情」這個主題上，說明為什麼愛情的滋味想忘很難忘。愛情的主題編號是 2，那這時候蔡加尼克效應這張卡片的編號怎麼辦呢？

我認為： 這兩個「蔡加尼克效應」因為脈絡不同，我們理解的內容當然不同。不同的理解內容，必須寫在不同張卡片上。

例如：

- 在學習的脈絡下，「蔡加尼克效應」解釋為：為什麼困難的問題會一直留在我們腦中，但簡單的問題則是回答完就忘記了。

- 在愛情的脈絡下，「蔡加尼克效應」解釋為：初戀因為沒有完美的結果，因此容易在腦袋中浮現當時交往的情景。

在使用卡片盒筆記法的時候，我們一次研究的主題很多，因此必須把不同的知識點分開來記錄，這樣在未來串接想法的時候，想法的邏輯性才能夠合理。

17-2. 問題 2：卡片索引編號如何表達在不同主題下的卡片，之間的連結關係？

如果說今天要寫的主題是「知識管理」，這樣「知識管理」跟「卡片盒筆記法」之間沒有這種索引關係，會不會影響寫作的效率呢？

答案是「不會」。卡片索引編號紀錄的只是思考的順序性，在實際寫作時我們還可以查閱卡片的內容，去進行跨主題內容的延伸。

point

我在上一章節（16）說明「賦予意義的雙向連結」，就是為了解決跨索引主題的問題。

例如「卡片盒筆記法」是主題 1，「知識管理」是主題 2，這樣在編碼時卡片該如何產生連結呢？很簡單，我們在卡片中加上「賦予意義雙向連結」即可。

例如我在 "1.1 卡片盒筆記法是什麼" 這張卡片中，加上「Related →卡片盒筆記法就是一種知識管理方式（ref:2.1 知識管理是什麼）」，這樣當我看到 "1.1 卡片盒筆記法是什麼" 卡片時，就可以知道「卡片盒筆記法就是一種知識管理方式」這個連結關係。

幫大家做個比較：

● **卡片索引編號**：可知道同主題之下，有關連的想法（例如 1.1 卡片盒筆記法是什麼→ 1.1a 卡片盒中的元素→ 1.1a1 卡片索

引）

- 卡片中的「賦予意義雙向連結」：連結跨主題的想法（例如
  1.1 卡片盒筆記法是什麼→ 2.1 知識管理是什麼）

✐ 17-3. 現在，對卡片索引有更了解了嗎？

這篇文章回答了從「卡片索引編號」延伸出來的 2 個問題：

Q1. 卡片索引是一種分類嗎？

答案：卡片索引不是一種分類，因為它只跟「上一張卡片的相關性」有關係。

Q2. 卡片索引如何表達在不同主題下的卡片，之間的連結關係？

答案：

- 卡片索引編號：可知道同主題之下，有關連的想法
- 卡片中的「賦予意義雙向連結」：可知道不同主題之下，有關連的想法

恭喜你，我們終於講完了 Part II. 存卡片的部分。最後一個階段，我們一起來學習如何把卡片盒中的卡片拿來輸出吧！

[1] 圖片來源：The case for a digital folgezettel — Zettelkasten Forum
[2] 「蔡加尼克效應」是心理學中的名詞，由蘇聯心理學家 - Bluma Wulfovna Zeigarni 提出，指我們人對於未完成、被打斷的的工作會放較多的注意力與心力，對於已做完的工作則容易忘記。

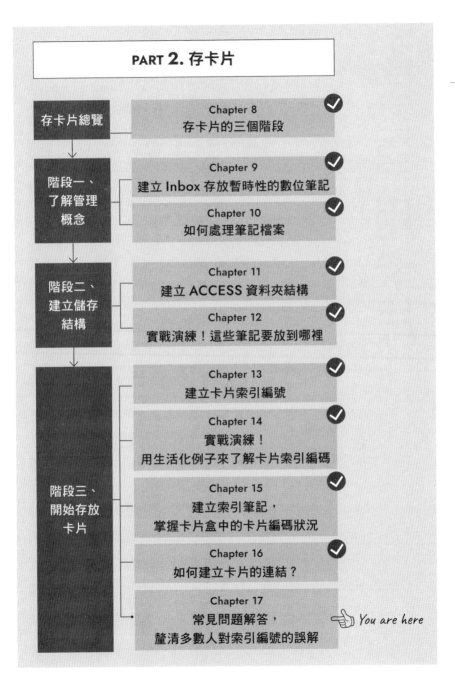

PART 2. 存卡片

存卡片總覽	Chapter 8 ✓ 存卡片的三個階段
階段一、 了解管理 概念	Chapter 9 ✓ 建立 Inbox 存放暫時性的數位筆記
	Chapter 10 ✓ 如何處理筆記檔案
階段二、 建立儲存 結構	Chapter 11 ✓ 建立 ACCESS 資料夾結構
	Chapter 12 ✓ 實戰演練！這些筆記要放到哪裡
階段三、 開始存放 卡片	Chapter 13 ✓ 建立卡片索引編號
	Chapter 14 ✓ 實戰演練！ 用生活化例子來了解卡片索引編碼
	Chapter 15 ✓ 建立索引筆記， 掌握卡片盒中的卡片編碼狀況
	Chapter 16 ✓ 如何建立卡片的連結？
	Chapter 17 常見問題解答， 釐清多數人對索引編號的誤解 👉 *You are here*

Part 三 用卡片

PART 1. 寫卡片

卡片盒筆記法
概覽 &
寫卡片總覽

Chapter 1
卡片筆記法的本質

Chapter 2
寫卡片的三個階段

階段一、
決定主題

Chapter 3
決定主題,找到
寫卡片的時機

階段二、
記錄筆記

Chapter 4
釐清筆記名詞

Chapter 5
我寫筆記的 3 種方法

階段三、
寫成卡片

Chapter 6
一張卡片到底
長什麼樣子

Chapter 7
實戰演練!
如何寫讀書筆記

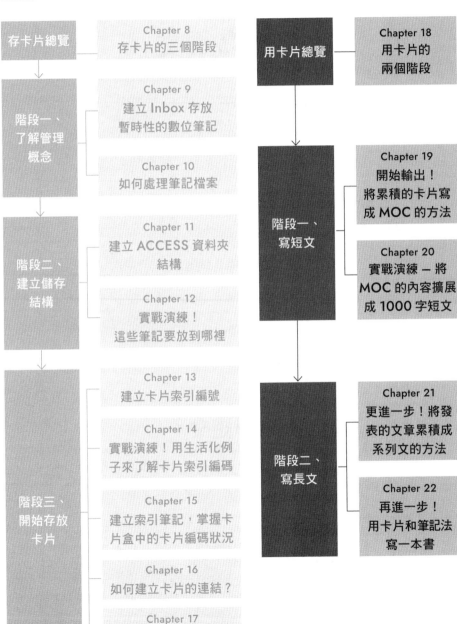

18 用卡片的兩個階段：
寫短文→寫長文

歡迎你來到了「Part III. 用卡片」，知識輸入的目的，最終是為了自己的知識產出，所以這個階段我們要將積累的卡片用來創作輸出啦！

在用卡片的過程中，我們會經歷 2 個階段：

- 寫短文
- 寫長文

下面先快速概覽「19 ～ 22」文章的重點內容。

18-1. 階段一：寫短文

純寫卡片不輸出，只是另一種形式的「知識搬運工」，將讀過的資訊從網路文章／書籍／ Podcast ／論文…等搬移到卡片上罷了。

所以在 19 ～ 20 的篇章裡，我要教你如何透過「Part II. 存卡片」學到的「卡片索引筆記」與「卡片編號」，將概念相近的卡片寫

成一篇短文發表在部落格、社群媒體上。

| point | 我對於「短文」的定義為中文字 1,000 - 1,500 字的文章。 |

18-2. 階段二：寫長文

當我們寫出一篇又一篇的短文後，實際上已經為寫長文作準備。長文指的是 10,000 以上的系列文、甚至是一本書籍。

文章編號「21」中我會告訴你寫系列文的秘訣；編號「22」的文章則會以這本書當作範例，教你如何寫出屬於自己的一本書！

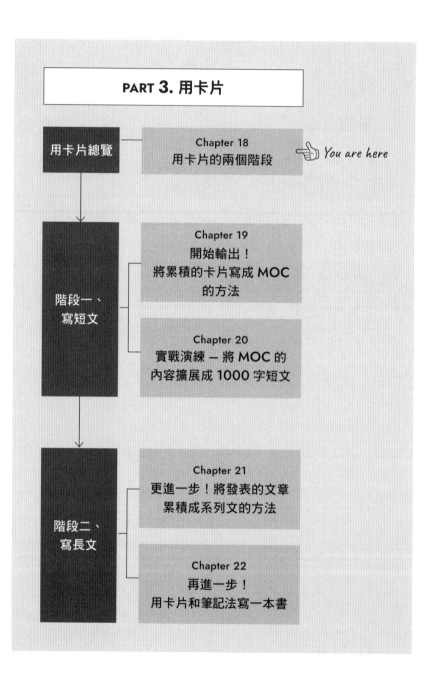

PART **3.** 用卡片

用卡片總覽

Chapter 18
用卡片的兩個階段

You are here

階段一、
寫短文

Chapter 19
開始輸出！
將累積的卡片寫成 MOC
的方法

Chapter 20
實戰演練 — 將 MOC 的
內容擴展成 1000 字短文

階段二、
寫長文

Chapter 21
更進一步！將發表的文章
累積成系列文的方法

Chapter 22
再進一步！
用卡片和筆記法寫一本書

19 【階段一】
寫短文（1）：開始輸出！
將累積的卡片寫成 MOC
的方法

學會了寫卡片（Part I），也知道如何管理卡片（Part II）後，最後要進入實戰案例：把寫好的卡片拿出來輸出。

point
要將卡片盒筆記法真正發揮功用，一定要寫文章。

這個文章可能是你部落格上的分享，也可能是你的報告、論文，也有可能是你要拍成影片的腳本，或者你在社群網站的分享，也可以是你自己寫給自己看的某些完整論述的想法筆記（或許只在自己的小群體分享）。

這個章節我們來學習如何利用卡片來寫文章，會講 4 個重點：

- 如何產生源源不絕的寫作靈感。
- MOC（Map of Contents）是降低寫作摩擦的關鍵。

- 如何利用 MOC 來寫文章。
- MOC 在寫作流程中的意義。

19-1. 如何產生源源不絕的寫作靈感？

point

「如何把寫作的摩擦力降到最低？」一直是我非常感興趣的問題。寫到後來，困難的不是「如何寫」，而是「穩定地知道寫什麼」。

于為暢老師曾經說過：

「若要大量 output，就必須大量 input。因為只要自己看得多了，腦中自然有想法渴望一吐為快。」

這跟李柏鋒老師曾在 Facebook 上分享的概念有異曲同工之妙，他說：

「寫作的底層邏輯就是 "調動情"，只要情緒有了、文章自然也能寫好了，沒有情緒文章就是不會吸引人。」

然而我發現「情緒無法天天有」、「想法、靈感也無法天天因渴望而生」，那麼有其他的方法可以讓我保持穩定的寫作流嗎？

答案就在前面編號「11」文章中先提到的 MOC（Map of Content）。

19-2. MOC 是降低寫作摩擦的關鍵

「MOC（Map of Contents）」是 YouTuber – Nick Milo 在 2020 年針對網狀結構的筆記軟體提出的一種管理概念。[1]

Nick Milo 沒有解釋 MOC 的具體內容，因此我在實作上碰到了非常多困難，對於管理筆記也沒有實際的幫助。經過 1 年的卡片盒筆記法實作以及思考，我終於找到了 MOC 在寫作流程上的用處，那就是：

point 從「卡片」到「發表文章」的暫時性階段，可以想成是草稿或是文章的半成品。

你可能會說：草稿沒什麼特別的啊！寫文章時有很多草稿不是很正常的嗎？

這就是 MOC 有趣的地方了。

- 許多人的草稿只有隻字片語，把暫時性的靈感與情緒一股腦的都吐到紙上，但如果不一鼓作氣地寫完，草稿就會被新的檔案覆蓋、然後…就沒有然後了。
- 但 MOC 不同，搭配卡片盒筆記法之後，我們可以將概念相近的卡片放在一起，通常 3–5 張卡片可以形成 MOC，而

MOC 就已經是 60% 的文章半成品了。

這個方法的好處是「產出非常穩定」，而且可以降低寫作流程中最困難的步驟：寫作靈感（我要寫什麼）。

19-3. 如何利用 MOC 來寫文章？

答案是：靠卡片索引筆記與卡片編號。

只要持續進行以下步驟：

- 寫卡片（Part I）
- 查看此張卡片適合放在卡片盒中的哪裡、替卡片編列索引編號（13）
- 更新索引筆記（15）

當發現索引筆記上的一個串列涵蓋 3 ～ 5 張卡片後，就可以開始寫 MOC。

MOC 怎麼寫呢？有以下 3 個步驟

- 將卡片先寫成 3 個重點的短文。
- 加上標題、寫文動機背景。
- 要寫文章時，擴充短文內容並寫成完整文章。

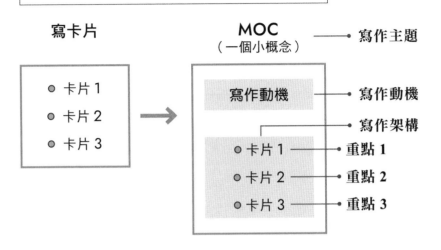

下面舉一個簡單的實例。

我曾連續發表 5 篇《Write Useful Books》這本書的讀書心得，就是 MOC 在寫作流程上的應用。

參考圖片，這是我在寫第 4 篇〈寫書時不再猜測讀者到底要什麼 – 尋找 Beta Reader，驗證內容確實解決目標讀者的痛點〉時參考的卡片索引，這一條卡片串列就是一個 MOC。

你可以發現：光是看這個卡片串列，其實文章的雛形架構就已經相當明顯了。

接著我替這 5 張卡片寫一個前言，說明這 4 張卡片的寫文動機／重點是什麼，文章就已經完成 80% 了。

下方是這篇 MOC 的前言：

> 遊戲公司有封測玩家（Beta Player），你知道寫書也可以有封測讀者（Beta Reader）嗎？
>
> 這篇文章是《Write Useful Books》的第四篇讀書心得，這個章節是整本書我覺得最有價值的內容：尋找 Beta Reader（封測讀者），邀請他們陪伴自己一起寫書、產出一本真正實用的書籍。

當我要寫文章時：把 3 個論點（4 張卡片）內容複製／貼上到寫作軟體→進行邏輯排列，把前後內容理順→發表。

3 個重點是我的寫作習慣，你要寫成其他數量（例如 5 個重點）也可以。	根據我寫了超過 50 篇 MOC 的經驗，3-5 張卡片是最適合產出一篇 1000－1500 字文章的數量

19-4. MOC 在寫作流程中的意義

MOC 只是草稿，但已經將我們寫作時最耗費時間的 3 件事情，分散在日常整理筆記時做完了。

這 3 件事情分別是：

- **文章主題**：每個串列就是你的文章主題。
- **文章架構**：卡片編號排序就是文章架構。
- **寫作動機**：卡片上的參考資料（你在哪裡得到靈感因此寫下這張卡片），就是你的寫作動機。

這個概念跟工廠在做供應鏈管理的 WIP（Work in process，半成品）非常像。我們在日常整理筆記（產線）時先將「文章（最終產品）」進行部分組裝，等到要「發表文章（出貨）」前再把細節補完就好。

進行類比的話就是：

- **MOC**：產線上製作的半成品。
- **文章**：最終產品。
- **發表**：準備出貨，將半成品組裝成最終產品。

把 MOC 加入寫作流程中，目的是減少寫文章時還需要想前言與文章內容，減少寫作的摩擦力。

下一個章節展示實際案例讓大家更加理解。

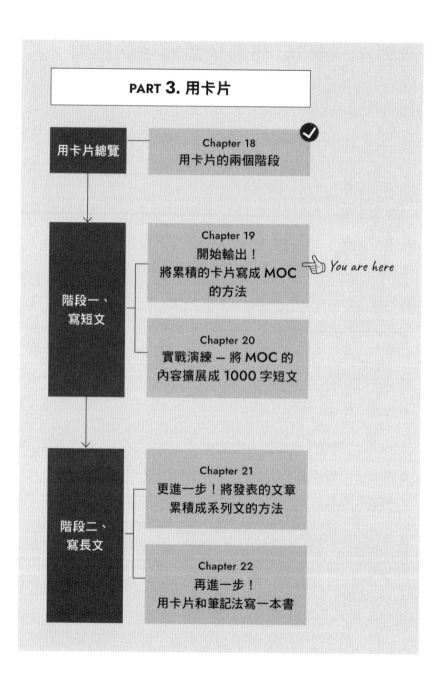

PART **3.** 用卡片

用卡片總覽 ─── Chapter 18 ✓
用卡片的兩個階段

階段一、
寫短文 ─── Chapter 19
開始輸出！
將累積的卡片寫成 MOC
的方法 ☞ *You are here*

Chapter 20
實戰演練 ─ 將 MOC 的
內容擴展成 1000 字短文

階段二、
寫長文 ─── Chapter 21
更進一步！將發表的文章
累積成系列文的方法

Chapter 22
再進一步！
用卡片和筆記法寫一本書

20 【階段一】
寫短文（2）：實戰演練，將 MOC 的內容擴展成 1000 字短文

上個章節說明了將卡片串列發展成 MOC 的流程，並解釋 MOC 的概念：透過卡片盒筆記法累積 3–5 張卡片後，即可寫成文章草稿。

這篇文章分享將 MOC 擴充成文章的實際案例。

20-1. 情境假設：半成品

「半成品」究竟長什麼樣子呢？

以我在 Facebook 上發表的《在網路上寫作的初心》貼文作為範例，下面拆解給大家看。

寫 作 內 容

在網路上寫作的初心

寫 作 動 機

　在網路上持續寫作、分享觀點是一件困難的事情。每一天心魔都可能找上自己，例如（1）為什麼我要這麼努力（2）我的終點在哪裡（3）如果我寫的文章都沒人看，那我到底還在堅持什麼。

寫 作 架 構 （3點初心）

1. **紀錄所學**：我很健忘，因此部落格就是我最好的資料庫。

2. **幫助他人**：不用重複造輪子，記錄自己的經驗、幫助後面的人少走彎路。

3. **磨練專業**：把專業寫下來，測驗自己是不是都搞清楚了。

 朱騏
9月10日 · 🌐 ・・・

【在網路上寫作的初心】

在網路上持續寫作、分享觀點是一件困難的事情。每一天心魔都可能找上自己，例如 (1)為什麼我要這麼努力 (2) 我的終點在哪裡 (3)如果我寫的文章都沒人看，那我到底還在堅持什麼。

我建議寫下自己「寫作的初心」，迷惘時就能回頭看看。我的初心是...
1. 紀錄所學：我很健忘，因此部落格就是我最好的資料庫
2. 幫助他人：不用重複造輪子，紀錄自己的經驗、幫助後面的人少走彎路
3. 磨練專業：把專業寫下來，測驗自己是不是都搞清楚了

從 2019 開始寫部落格，到現在我還是會不斷複習我的初心，讓自己繼續走下去。

20-2. 擴充內容 - 將半成品組裝成最終產品的方法

3 點初心分別是文章的 3 個次標（小標題。h2），只要把次標的內容補起來，一篇長文章就完成了。

那每個重點要怎麼補充呢？除了參考原本的卡片內容外，還可以從 5 個面向切入思考：

- 理由
- 犯錯
- 步驟
- 個人經驗／故事／案例
- 他人經驗／故事／案例

補述的面向愈多、文章內容也會愈長，可依據寫作情況自由調配。

卡片盒筆記法寫作流程

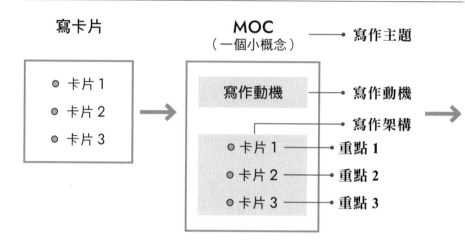

MOC
（一個小概念）

寫作動機

- 重點 1
- 重點 2
- 重點 3

寫作動機

重點 1

- 理由
- 犯錯
- 步驟
- 個人經驗 / 故事 / 案例
- 他人經驗 / 故事案例

重點 1

- 理由
- 犯錯
- 步驟
- 個人經驗 / 故事 / 案例
- 他人經驗 / 故事案例

重點 2

- 理由
- 犯錯
- 步驟
- 個人經驗 / 故事 / 案例
- 他人經驗 / 故事案例

重點 2

- 理由
- 犯錯
- 步驟
- 個人經驗 / 故事 / 案例
- 他人經驗 / 故事案例

重點 3

- 理由
- 犯錯
- 步驟
- 個人經驗 / 故事 / 案例
- 他人經驗 / 故事案例

重點 3

- 理由
- 犯錯
- 步驟
- 個人經驗 / 故事 / 案例
- 他人經驗 / 故事案例

總結

20-3. 實際示範：展示我如何將半成品組裝成最終產品

以〈在網路上寫作的初心〉為例，若用「理由」與「個人經驗／故事／案例」擴充內容，文章結果如下。

■ 初心 1—紀錄所學：我很健忘，因此部落格就是我最好的資料庫

只要將學習、思考過的內容發表在部落格上，就能利用 Google 強大的關鍵字搜尋快速查詢。

例如我在收集個人讀書會〈精準學習〉的資料時，過去放在 Evernote 的讀書筆記早已經不見了。於是我在 Google 上輸入「精準學習 朱騏 讀書心得」，就找到了 2017.11.28 在 Google Blog 發表的讀書心得。

在關鍵字的後方加上姓名、部落格名稱、網域，都能快速檢索多年前自己發表過的文章。

■ 初心 2—幫助他人：不用重複造輪子，記錄自己的經驗、幫助後面的人少走彎路

軟體開發領域中鼓勵工程師減少重複造輪子的次數（重寫已經存在的程式碼），而是引用與改寫來加快開發速度。

我在學習 Obsidian 筆記軟體時，也大量參考國外高手提出的筆記架構，並以此為基礎建立自己的。同樣的，我也希望分享自己的架構、幫助其他人快速建立起自己的，早點開始做更重要的事情（用筆記產出洞見）。

如果前方有坑，把踩坑時幹的要死的經驗寫下來，後面的人會感謝你的。

■ 初心 3—磨練專業：把專業寫下來，測驗自己是不是都搞清楚了

清楚的思考，才能寫的清楚。

寫作必須一字、一句、一個段落的寫，中間沒有任何的模糊地帶。若想要抄捷徑、跳過無法解釋清楚的段落，一下子就會被識破了。若要測驗自己是不是搞懂了一個觀念，寫一篇文章是最快的方式。

我會把「想學的技能」搭配「寫作」，學完了一個段落就寫成一篇 500–1000 字的短文分享。

■ 小結

以上就是卡片盒筆記法的實際應用，幫大家複習一次步驟：

● 累積卡片，逐漸累積成小概念

- 每個小概念（MOC）都能列出 3 個重點，寫成文章草稿
- 每個重點可用 5 個面向發展成長文章

　　實際發表在部落格的文章可以看〈如何克服在網路上寫作的心魔？寫下 3 點自己的寫作初心〉（連結：https://bit.ly/4251M69）。

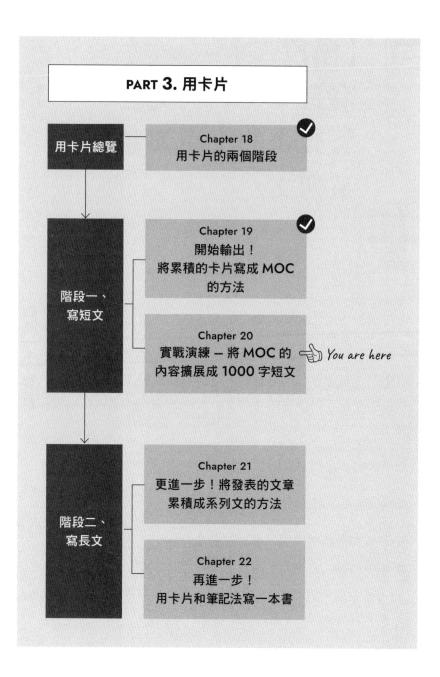

PART 3. 用卡片

用卡片總覽 ─ Chapter 18
用卡片的兩個階段 ✓

階段一、
寫短文

Chapter 19
開始輸出！
將累積的卡片寫成 MOC
的方法 ✓

Chapter 20
實戰演練 ─ 將 MOC 的
內容擴展成 1000 字短文 👉 You are here

階段二、
寫長文

Chapter 21
更進一步！將發表的文章
累積成系列文的方法

Chapter 22
再進一步！
用卡片和筆記法寫一本書

21 【階段二】
寫長文（1）：更進一步！
將發表的文章累積成
系列文

在上個章節中，我們說完了如何將 MOC 擴展寫成單篇文章的方法。

寫完了一篇文章的內容很棒，不過有個問題：內容太單薄。我們擅長的主題不可能在 1–2 篇文章就全部寫完（寫太長也沒人想看啊！）

怎麼辦呢？我們必須寫系列文。

系列文有 3 大好處：

- 單篇的閱讀時間少，讀者容易讀完。
- 擴充性強，我們對主題有更深的認識時可以隨時補充。
- 可拿來做內容再製，例如出書、做講座投影片、當 YouTube 影片的講稿。

這篇文章分享如何把你寫的單篇文章，擴充成知識內容完整的系列文。一共有 4 個步驟：

1. 列大綱，用 5W1H 寫出所有想得到的文章標題。
2. 每個文章標題下列出 3－4 個想說的重點，並加上步驟、案例、個人故事。
3. 每天寫作，持續推進系列文的進度。
4. 建立一則「目錄文」，每次寫完文章後就更新。

21-1. 步驟一：列大綱，用 5W1H 寫出所有想得到的文章標題

當我們寫出一篇文章後，可以思考這篇文章的主題是什麼。

針對「主題」使用 5W1H（What, When, Where, Why, Who, How）大量發想，把腦中想得到的題目都列出來。

例如我在發想「Obsidian 教學文」（連結：https://bit.ly/3WFQWCy）時，列了以下清單：

- Obsidian 有哪些要教的內容
  - 基礎操作
  - 方法論
  - 插件

- Obsidian 基礎操作有哪些
  - 預設介面與基礎功能
  - 設定選單以及如何設定比較好
  - 主題以及 CSS 設定
  - 如何備份筆記
  - 如何區分電腦版與手機版的設定檔案

- Obsidian 背後的方法論有哪些
  - 什麼是 Metadata、為什麼要建立 Metadata
  - 如何使用 Metadata
  - 如何寫筆記
  - 如何持續維護筆記內容
  - 什麼是卡片盒筆記法

- Obsidian 好用插件有哪些
  - 如何使用 Daily note
  - 如何使用 breadcrumbs
  - 如何使用 Dataview
  - 如何使用 Note Refactor
  - 如何使用 Obsidian Git

清單是我最愛用的發想方式。

如果你喜歡用心智圖發想，像是 Xmind, GitMind, MindNode…
等軟體，也都很適合。

21-2. 步驟二：每個文章標題下列出 3-4 個想說的重點，並加上步驟、案例、個人故事

有了初步想寫的大綱後，替這些大綱列出 3 點想講的內容。

例如在「預設介面與基礎功能」這篇文章中，我想分享以下 3 個重點：

---

1. 下載與安裝 Obsidian
2. 概覽 Obsidian 的預設介面
3. 詳細說明預設介面

接著在每個重點下方補充詳細說明，像是（1）步驟（2）案例（3）個人故事。

此時你可以從卡片盒（Card 資料夾）搜尋現成素材，放上內部連結即可（此時卡片盒筆記的威力就出現了，你寫的每一張卡片都可以當作補充素材）

例如在「3. 詳細說明預設介面」，我介紹了

- 四大區域的設定步驟
- 超過 20 項的細部功能
- 自己實際設置 Obsidian 介面的經驗

實際內容可參考《【Obsidian 使用教學】基礎篇 01—認識預設介面與基礎功能》（連結：https://bit.ly/3owJWuU）。

把每個重點講清楚，就是一篇好讀的文章了。

21-3. 步驟三：每天寫作，持續推進系列文的進度

持續推進系列文的秘訣，是利用每一天的碎片時間。

例如：

- 上班通勤時間
- 中午午休時間
- 下班通勤時間
- 晚上飯後 1 小時

分多個時段寫作、每次都寫 300–500 字，1–2 天的目標是寫 1000–1500 字，寫作壓力就不會這麼大了。

寫完之後可以在大綱後面註記字數，例如「預設介面與基礎功能（1342）」，表示這個章節寫了 1342 個字。

這個小動作能讓自己看到實際的產出數據，有助於維持寫作習慣。

21-4. 步驟四：建立一則「目錄文」，每次寫完文章後就更新

當我們用 MOC 寫完一篇文章後，就放到部落格上持續更新。

按照以下步驟

1. 在部落格上發表一篇「目錄文」（例如＜【Obsidian 使用教學】總目錄＞）

2. 每次寫完系列文文章後，就把文章連結更新回目錄文

● 持續推進寫作進度，大約 1 個月就可以完成 10–15 篇文章的系列文

因為我們有步驟 1 的大綱作為指引，整個過程會比從白紙開始發想快上數倍。

恭喜，你的第一篇系列文完成了！

這代表後續可以拿它作其他知識產品的內容材料，進行不同的內容再製。例如：

● 演講

● 紙本書

● 電子書

● 電子報

● Podcast

● 音頻課程

- 投媒體專欄
- 文章訂閱制
- Email 行銷信
- YouTube 影片
- 線上直播課程
- 線上錄播課程
- 教練／顧問的教材

透過以上的方法，Obsidian 將幫助你產生源源不絕的想法與文章產出工具。

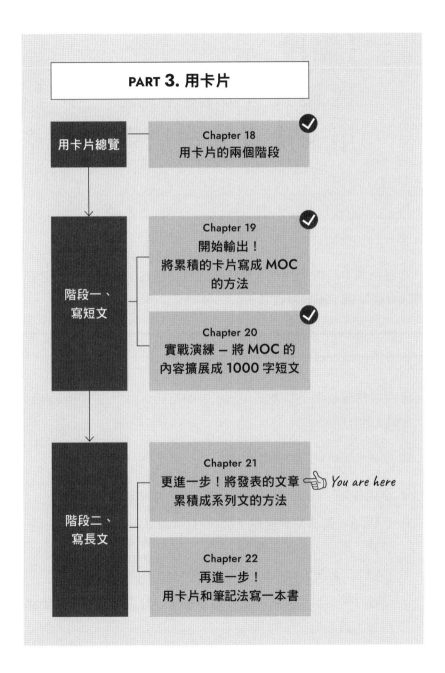

PART **3.** 用卡片

| 用卡片總覽 | Chapter 18 用卡片的兩個階段 ✔ |

階段一、寫短文
Chapter 19
開始輸出！
將累積的卡片寫成 MOC 的方法 ✔

Chapter 20
實戰演練 — 將 MOC 的內容擴展成 1000 字短文 ✔

階段二、寫長文
Chapter 21
更進一步！將發表的文章累積成系列文的方法　You are here

Chapter 22
再進一步！
用卡片和筆記法寫一本書

22 【階段二】
寫長文（2）：再進一步！
用卡片盒筆記法寫一本書

恭喜來到本書的卡片盒筆記法正式教學最後一章！（後面附有各種實戰案例，不要錯過囉！）

上篇文章分享了如何將單篇 MOC 寫成系列文的方法，同樣的概念也可以用來寫書。

這個章節讓我用這本書當作例子，因為這本書就是用卡片盒筆記法寫出來的！

我們按照上個章節的步驟說明：

- 步驟 1：列大綱，用 5W1H 寫出所有想得到的文章標題。
- 步驟 2：每個文章標題下列出 3–4 個想說的重點，並加上步驟、案例、個人故事。
- 步驟 3：每天寫作，持續推進系列文的進度。
- 步驟 4：依序替大綱中的每個章節建立筆記連結，並開始寫內容（跟系列文不同）。

22-1. 步驟一：列大綱，用 5W1H 寫出所有想得到的文章標題

經過 2 年的實作與思考，我將卡片盒筆記的實作步驟拆分成 3 大步驟：

- Step1. 寫卡片
- Step2. 存卡片
- Step3. 用卡片

22-2. 步驟二：每個文章標題下列出 3-4 個想說的重點，並加上步驟、案例、個人故事

接著在每個步驟下，依序把想要寫的內容列下來：

Step 1. 寫卡片

- 卡片盒筆記法到底是在記錄什麼？
- 在寫卡片的過程中會經歷 3 大階段
- 階段 1. knowledge filtering 選定主題，篩選知識
- 階段 2. knowledge developing 寫筆記
- 階段 3. knowledge extraction 萃取筆記，寫卡片

Step 2. 存卡片

- 建立 Inbox，存放靈感筆記
- 如何處理靈感筆記
- 建立資料夾結構 – ACCESS
- ACCESS 實際演練，這些筆記要分到哪些資料夾？
- 替自己構思卡片盒的主題，建立卡片索引編號
- 用生活化的例子來了解卡片索引編碼規則
- 建立索引筆記，掌握卡片盒中的卡片編碼狀況
- 釐清多數人對索引編號的誤解
- 如何建立卡片的連結？

Step 3. 用卡片

- 建立整理工作流，將累積的卡片寫成 MOC 的方法
- 將 MOC 的內容擴展成 1000 字短文的方法
- 將發表的文章累積成系列文（書籍）的方法
- 案例分析 – 如何用卡片盒筆記法寫一本書

以上的清單就是這本書的草稿，跟最終成果已經很接近，後來大概只是又補充了 20% 新加入的內容。

22-3. 步驟三：每天寫作，持續推進系列文的進度

大綱中的每一個章節，實際上都是從我發表在網路上的文章修改而成。

下方列出對應的章節與網路連結：

		章節	字數	對應文章連結
前言	0	卡片盒筆記法可以幫助我們什麼	656	
寫卡片	1	卡片盒筆記法的本質：區分「筆記」和「想法」	1427	https://medium.c
	2	寫卡片的 3 個階段：決定主題→紀錄筆記→寫成卡片	471	
	3	【寫卡片】階段一：決定主題，找到寫卡片的時機	2207	私訊回答網友的
	4	【寫卡片】階段二：紀錄筆記 (1) - 釐清筆記名詞	1391	私訊回答網友的
	5	【寫卡片】階段二：紀錄筆記 (2) - 我寫筆記的 3 種方法	1971	1. https://medium 2. https://mediun
	6	【寫卡片】階段三：寫成卡片 (1) - 一張卡片到底長什麼樣子？	2887	2022 Accupass
	7	【寫卡片】階段三：寫成卡片 (2) - 實戰演練，如何寫讀書筆記？	1734	
存卡片	8	存卡片的 3 個階段：了解管理概念→建立儲存結構→開始存放卡片	685	
	9	【存卡片】建立 inbox 存放暫時性的數位筆記	648	https://medium.c
	10	【存卡片】階段一：了解管理概念 (2)-如何處理筆記檔案？	1488	https://medium.c
	11	【存卡片】階段二：建立儲存結構 (1)-建立 ACCESS 資料夾結構	1874	https://medium.c
	12	【存卡片】階段二：建立儲存結構 (2)-實戰演練，這些筆記要放到哪裡？	1324	2022 Accupass
	13	【存卡片】階段三：開始存放卡片 (1)-建立卡片索引編號	2220	https://medium.c
	14	【存卡片】階段三：開始存放卡片 (2)-實戰演練，用生活化例子來了解卡片索引編號	722	2022 Accupass
	15	【存卡片】階段三：開始存放卡片 (3)-建立索引編碼，掌握卡片盒中的卡片編碼狀況	930	https://medium.c
	16	【存卡片】階段三：開始存放卡片 (4)-如何建立卡片的連結？	1324	https://medium.c
	17	【存卡片】階段三：開始存放卡片 (5)-常見問題解答，釐清多數人對索引編號的誤解	1260	https://medium.c
	18	釐清多數人對索引編號的誤解	1757	
用卡片	19	【用卡片】階段一：寫短文 (1)-開始輸出！將累積的卡片寫成 MOC 的方法	2656	https://medium.c
	20	【用卡片】階段一：寫短文 (2)-實戰演練，將 MOC 的內容擴展成 1000 字短文	1500	https://medium.c
	21	【用卡片】階段二：更進一步！將發表的文章累積成系列文的方法	1857	https://www.chic
	22	【用卡片】階段二：寫長文 (2)-再進一步！用卡片盒筆記法寫一本書	1544	

你可能會好奇：「為什麼沒有列出 "卡片連結" 呢？」

原因是：因為卡片已經透過 MOC（參考編號 19 文章）寫成文章啦！寫書沒必要重新收集卡片，直接從文章修改即可。

開始寫書時，先把能使用的文章連結放到大綱的下方當作參考內容。如下圖紅框處。

Part II. 存卡片

- ☐ 8. 建立 Inbox，讓靈感筆記都先存在這裡
  - ref：如何讓筆記保持井然有序的狀態？借用時間管理 GTD 的概念，在筆記軟體中建立一個 Inbox (收集箱)
- ☐ 9. 如何處理靈感筆記?
- ☐ 10. 建立資料夾結構，使用 ACCESS 資料夾結構管理卡片與資訊來源資料
  - ref：我想在 Obsidian 中使用卡片盒筆記法，該如何管理筆記檔案？使用 ACCESS 分類法，讓筆記檔案不再一團亂
- ☐ 11. ACCESS 實際演練，這些筆記要分到哪些資料夾？
  - 沒有寫完的卡片，放到 Sources 存放
- ☐ 12. 替自己構思卡片盒的主題，建立卡片索引編號
  - ref：如何建立卡片盒筆記法中的卡片連結？編寫索引編號，串起自己的想法
  - ref：如何建立卡片盒筆記法中的卡片連結 (下) - 釐清多數人對索引編號的誤解，了解索引編號帶來的 3 個好處

22-4. 步驟四：依序替大綱中的每個章節建立筆記連結，並開始寫內容

準備好寫作材料後，開始寫每一個章節的具體內容。

替每一個章節建立一則新筆記，並將內部連結放在大綱中。若大綱中：

● **有參考文章**：將文章內容複製／貼上到新筆記中，依據上下文調整內容。

● **無參考文章**：當成一篇新文章來寫。

以下是使用數位筆記（如 Obsidian）結合卡片盒筆記法寫書的小訣竅：

1. **舊內容還是要微調**：考量到書籍章節的脈絡，網路文章內容通常無法直接放到書籍中，必須根據上下文微調。

2. **章節前後要連貫**：在寫每一個章節時，檢查前一章節的最後段落是否跟「新章節的開頭」是能接上的。

3. **善用數位筆記工具（Obsidian）的多面板**：可以一次打開多個面板或視窗，看到多篇文章的參考，寫起書來非常方便。

4. **使用 Checkbox（任務框）**：開一則書籍專案筆記，用 Checkbox 來追蹤章節寫作進度。

5. **讓寫作進度可視化**：在每個章節後方加上該篇章結的文字數量統計，可以讓自己看到進度一點一滴在推進。

Part II. 存卡片

- ☑ 8. 建立 Inbox，讓靈感筆記都先存在這裡 `648` 文章字數
  - ref：如何讓筆記保持井然有序的狀態？借用時間管理 GTD 的概念，在筆記軟體中建立一個 Inbox (收集箱)
- ☑ 9. 如何處理靈感筆記？ `1488`
- ☑ 10. 建立資料夾結構，使用 ACCESS 資料夾結構管理卡片與資訊來源資料 `1874`
  - ref：我想在 Obsidian 中使用卡片盒筆記法，該如何管理筆記檔案？使用 ACCESS 分類法，讓筆記檔案不再一團亂
- ☑ 11. ACCESS 實際演練，這些筆記要分到哪些資料夾？> `1324`
  - 沒有寫完的卡片，放到 Sources 存放
- ☑ 12. 替自己構思卡片盒的主題，建立卡片索引編號 `2220`
  - ref：如何建立卡片盒筆記法中的卡片連結？編寫索引編號，串起自己的想法
  - ref：如何建立卡片盒筆記法中的卡片連結 (下) - 釐清多數人對索引編號的誤解，了解索引編號帶來的 3 個好處

當 Checkbox 都打勾後，我們的書籍內文就完成啦！

恭喜你，我們將積累的筆記與文章向上聚合成一個知識架構更縝密的成果─書籍。透過以上的步驟，我們可以持續的寫出第二本書、第三本書。

一個「寫卡片→存卡片→用卡片」的正向飛輪，會不斷的滾動下去。

到這邊，你已經學會了卡片盒筆記法的精隨，但方法必須要真

的去用才會產生成果。接下來，我會用 4 個實戰案例、讓你清楚了解這個方法論要如何用在我們的生活中。

　　準備好了嗎？接下來，我們直接拿這套方法論、去挑戰真實的生活場景。

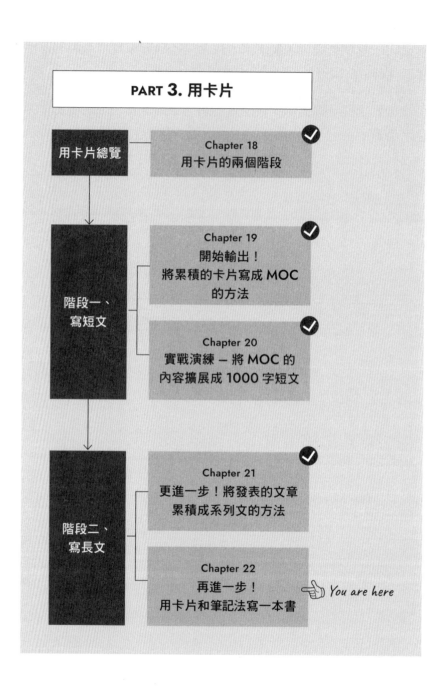

PART **3.** 用卡片

用卡片總覽

Chapter 18
用卡片的兩個階段 ✔

階段一、
寫短文

Chapter 19
開始輸出！
將累積的卡片寫成 MOC
的方法 ✔

Chapter 20
實戰演練 — 將 MOC 的
內容擴展成 1000 字短文 ✔

階段二、
寫長文

Chapter 21
更進一步！將發表的文章
累積成系列文的方法 ✔

Chapter 22
再進一步！
用卡片和筆記法寫一本書

👉 *You are here*

Part IV 卡片盒筆記法實戰案例

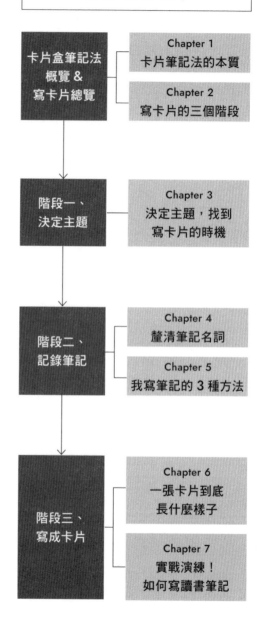

23 【實戰案例】職場上班族如何使用卡片盒筆記法寫報告、作簡報？

案例目標

你是一位職場上班族，讀完這個章節後，能夠快速摘要與總結你所在產業中的研究報告，並寫出深度分析的文件給內部同事、主管、老闆。

在工作場景中，我們偶爾會被分派到閱讀特定產業的報告，並且跟內部同事分享這份報告的重點、甚至撰寫分享文件與簡報。

然而多數上班族並不知道如何閱讀報告才能抓住重點，更不用說將這些重點記錄下來，還要後續用自己的話，寫成一份報告分享給其他同事。

「閱讀資料、摘要重點、寫成報告」成為多數上班族最痛苦的事情。這對於已經久久沒寫過長篇文件的人，痛苦指數極高！

■ 如何有效率地閱讀資料、摘要重點、寫成報告呢？

這時候，本書分享的卡片盒筆記法會是你的解藥！

這個方法對於閱讀報告，摘要重點，到最後寫出一份自我理解的文件非常有用。這份文件後續甚至可以做成簡報、做成內部共享文件分享給同事。

但要怎麼做呢？可以分成 3 大步驟

● 閱讀文獻（寫卡片）
● 更新索引（存卡片）
● 產出報告（用卡片）

這個章節以 Cybersource 的〈Payments REST API Visa Platform Connect〉收單報告為例，詳細示範我是如何使用卡片盒筆記法從閱讀報告開始、到最後產出能分享給同事與主管的文件與簡報。

📎 報告脈絡的簡單介紹

這篇報告是 Cybersource 網站上，針對支付卡（Payment card）所做的相關介紹。雖然只是做為本章節的案例，但如果你在軟體產業、金融產業工作，我非常推薦花時間閱讀。

Cybersource 現在是 Visa 旗下的子公司，與全世界的收單行與發卡行串接、並提供線上與線下的支付服務 – 信用卡支付、電子支票、電子現金、網上購物卡和第三方支付。

■ 步驟 1. 閱讀文獻

1−1. 用心智圖掌握報告的架構

報告通常是在 50–100 頁的 PDF 檔案。

對照書籍目錄將報告小標製作成心智圖，就能用「鳥」的視角俯瞰整個報告。

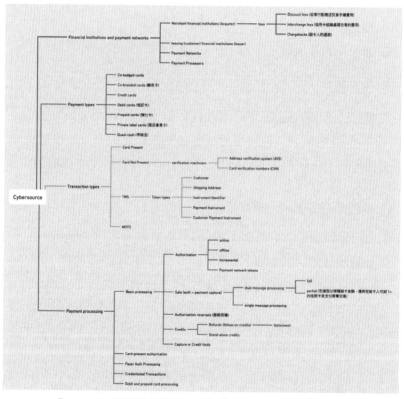

Payments REST API Visa Platform Connect 心智圖

這個過程建議在 30 分鐘內完成,當作閱讀前的暖身。

1–2. 寫下自己的想法,可以使用 HQ&A 筆記

開始閱讀報告。

閱讀報告的過程,就像是跟原作者進行一場對話。我們可以使用 HQ&A 筆記法不斷的與報告中的內容進行問與答。例如

- 問題:支付處理業者是什麼?
- 答案:負責和收單行溝通。商店一定要在支付處理業者的平台上註冊,才能接受消費者的刷卡交易。

每一張 HQ&A 都是自己對一個文章段落的小結。

1–3. 寫成卡片

使用萬能筆記法,將 HQ&A 的答案寫成卡片。

以上方的 HQ&A 筆記為例,寫成卡片後變成:

支付處理業者是什麼?

負責和收單行溝通。商店一定要在支付處理業者的平台上註冊,才能接受消費者的刷卡交易。

參考來源:Payment processors connect with acquirers. Before you can accept payments, you must register with a payment processor.

1-4. 摘要段落內容

你可能會問：如果一個段落寫了多張 HQ&A 筆記，每一張都寫成卡片、這樣不會很花時間嗎！？

沒錯，確實⋯很花時間！因此當一個段落寫下多張 HQ&A 筆記時，你一定要將多張 HQ&A 筆記進行小總結、再將小總結寫成一張卡片就好。

例如在下面我寫出了 3 張 HQ&A 筆記：

Card-Present 是什麼？	Card-Not-Present Transactions 是什麼？	mail-order/ telephone-order（MOTO）是什麼？
指刷卡人跟商戶處於同一個物理空間的刷卡，例如用刷卡機刷卡。	指刷卡人不一定會跟商戶處於同一個物理空間的刷卡，例如網路購物只需要輸入信用卡卡號即可消費。	指刷卡人可透過電話或 Email 進行刷卡。

我可以將這 3 張 HQ&A 寫成一張卡片，內容如下：

刷卡交易的 2 大分類 - card present & card-not-present

根據 Card-Present vs. Card-Not-Present Transactions：

- CP：指刷卡人跟商戶處於同一個物理空間的刷卡，例如用刷卡機刷卡
- CNP：指刷卡人不一定會跟商戶處於同一個物理空間的刷卡，例如網路購物只需要輸入信用卡卡號即可消費
- MOTO：指刷卡人可透過電話或 Email 進行刷卡。

參考來源：Card-Present vs. Card-Not-Present Transactions…（原文較長，這裡省略原文內容）

如此一來，我們將自己的理解又濃縮成一張卡片，方便第二步驟的利用、你也不必花太多時間將每一個 HQ&A 筆記都一直寫卡片。

■ 步驟 2. 更新索引：將卡片依序更新到索引筆記中

2－1. 建立一則索引筆記

在筆記軟體中建立一則「索引筆記」，我們要將寫出來的卡片都收納進去。

例如我以報告名稱作為標題，取名為「（Index）Payments REST API Visa Platform Connect」作為索引筆記的名稱。

索引筆記範例

2−2. 將卡片收納進索引筆記中

每寫完一張卡片，就利用筆記軟體中的「複製內部連結」功能，將卡片連結貼入到索引筆記中。以 Obsidian 為例，即為下方的文字：

• 1.1 支付網絡中的 4 個重要角色

上方在 Obsidian 中，為內部連結的意思。

還記得我們在 Part II 中講的「卡片編碼」原則嗎？請依序將卡片按照相近性用索引筆記管理。

例如：

- 第一張卡片：完全不用考慮，命名為 1.1 後貼入到索引筆記中。

- 第二張卡片：觀念跟「第一張卡片」有關聯嗎？如果有，命名為 1.1a 並縮排放在 1.1 卡片的下方；如果沒有，命名為 1.2

並放在 1.1 的下方。

- 第三張卡片：重複上方步驟。

- …

你會得到一份「依據概念關聯性排序」的索引筆記，如下方：

- **1.1 支付網絡中的 4 個重要角色**
  - **1.1a 發卡行是什麼？**
    - **1.1a1 承銷是什麼**
  - **1.1b 發卡組織是什麼？**
  - **1.1c 支付處理業者是什麼？**

依據卡片編碼原則，排序寫好的卡片

2−3. 重複步驟 2−2，直到你將整份文件閱讀完畢

重複寫卡片的步驟，最終閱讀完整份報告後，我們會產出一定數量的卡片。

卡片數量依據自己對報告的內容熟悉度而定，如果熟悉可能只寫個 3–5 張卡片；如果不熟悉，寫個 30–50 張卡片都是正常的結果。

完成後，你會得到一份完整的索引筆記。如下圖：

- 1.1 支付網絡中的 4 個重要角色
  - 1.1a 發卡行是什麼？
    - 1.1a1 承銷是什麼
  - 1.1b 發卡組織是什麼？
  - 1.1c 支付處理業者是什麼？
- 2.1 整合卡是什麼？
  - 2.1a 聯名卡是什麼？
  - 2.1b 信用卡是什麼？
  - 2.1c 借計卡是什麼？
- 3.1 刷卡交易的 2 大分類 - card present & card-not-present
  - 3.1a 信用卡的運作邏輯是-刷卡人先跟發卡行借錢消費，之後付款
    - 3.1a1 借記卡是刷卡人在消費當下直接扣款刷卡人在發卡行的帳戶
    - 3.1a2 預付卡是刷卡人預先儲值在卡片裡面，之後可以拿儲值的錢去消費
    - 3.1a3 商店會員卡是商店自行發行的一種卡片，允許持卡人 (通常是會員) 可在商戶指定的店家消費
    - 3.1a4 準現金，可轉換成現金的交易指示，例如網路錢包、支票、虛擬貨幣、樂透
  - 3.1b 每一家發卡組織對 CVN (卡片驗證號碼) 的稱呼都不一樣
    - 3.1b1 TMS 是一種加密機制，用來保護消費者的交易資料 (交易細節、billing、到貨地址)
      - 3.1b1a TMS 可以簡化商店對 PCIDSS 的遵循嚴格性，因為商店儲存的是加密過的消費者資料
  - 3.1c 線上授權可做到即時確認刷卡人是否有足夠的錢可以交易
    - 3.1c1 線下授權不需要網路，但商戶得到交易授權的速度會慢很多
    - 3.1c2 累加授權是在一開始先取得第一筆交易的授權後，隨後在刷卡人消費時，商戶持續發出授權請求
    - 3.1c3 銷售 = 授權 + 捕獲交易
      - 3.1c3a Dual Message 為 2 步驟來處理授權與交易捕獲
        - 3.1c3a1 Single 為 1 步驟處理授權與交易捕獲
        - 3.1c3a2 撤銷授權是取消對刷卡人帳戶交易的授權
      - 3.1c3b Void transaction 指在收單行與發卡行清算 (確認) 交易之前，商戶就取消某個刷卡人的交易
        - 3.1c3b1 Credits 指現金流從商店的銀行帳戶，退款至持卡人的銀行帳戶 (issuing bank)
          - 3.1c3b1a Refunds 和 Stand-alone credits 的差異
          - 3.1c3b1b Credit 的流程
        - 3.1c3b2 Settlement 指 Payment processor 發送交易捕獲指令給收單行、收單行轉給發卡組織、發卡組織轉送給發卡行後，回應給 Payment processor 成功後，這整段流程
          - 3.1c3b2a 授權和交易捕獲的交易順序是：Auth -> Capture
            - 3.1c3b2a1 Capture 的意思是：轉移持卡人銀行帳戶中被授權的金額，到商店的銀行帳戶中
              - 3.1c3b2a1a Capture 通常要 2-4 天，收單行才會把清算後的資金轉送給商戶
              - 3.1c3b2a1b Capture 不會即時發生，通常是被包成一個檔案給 Payment Processor，Payment Processor 會一次對所有的交易進行交易捕獲與清算
        - 3.1c3b3 Void 是取消的意思，可以取消「交易捕獲」與「Credit request」
          - 3.1c3b3a Void 只能取消商店尚未給 Payment processor的 Captu re 和 Credit request

整份報告的卡片索引筆記

　　這一份索引筆記、就是你對整份報告的理解，接下來就可以來產出報告了。

■ 步驟 3. 產出報告

3-1. 將每一個卡片串列的內容，寫成一個小章節

　　每一個卡片串列，都可以寫成報告中的一個完整段落。

　　例如下面 5 張卡片：

* 1.1 支付網絡中的 4 個重要角色
  * 1.1a 發卡行是什麼？
    * 1.1a1 承銷是什麼
  * 1.1b 發卡組織是什麼？
  * 1.1c 支付處理業者是什麼？

這 5 張卡片的內容分別為

1.1 支付網絡中的 4 個重要角色

分別是

* 收單行
* 發卡行
* 支付網絡
* 支付處理商

卡片 1

227

1.1a 發卡行是什麼？

提供信用卡給消費者，並承銷消費者的交易。

卡片 2

1.1a1 承銷是什麼

> underwrite something to accept financial responsibility for an activity so that you will pay for special costs or for losses it may make

承擔財務上的責任，會負責支付特別的費用或是損失

卡片 3

1.1b 發卡組織是什麼？

支付網絡中擔任收單行與發卡行之間的溝通，責任包含

- 制定支付業界的交易標準
- 支援會員 (例如協助銀行發卡與推廣)
- 制定與收單行合作的費用

卡片 4

1.1c 支付處理業者是什麼？

負責和收單行溝通。

商店一定要在支付處理業者的平台上註冊，才能接受消費者的刷卡交易。

卡片 5

可以寫成下面約 500 字的段落：

支付網絡中的 4 個重要角色

在支付生態系中，有 4 個重要角色要先認識。分別是

● 1.1.1 發卡銀行（Issuing bank）

提供信用卡給消費者（稱為持卡人，Cardholder），並承銷消費者的交易。

發卡行會依個人財力不同、核給不同信用卡額度給持卡人，並每月依帳單向持卡人收取款項及提供信用卡附加服務。

● 1.1.2 收單銀行（Acquiring bank）

提供商店在銀行的帳戶，可用來收取消費者付費的款項。商店的銀行帳戶所在銀行，就稱為收單銀行。

商店使用收單銀行提供的存款帳戶，作為收款帳戶。

● 1.1.3 發卡組織 / 支付網絡（Payment network）

支付網絡中擔任收單行與發卡行之間的溝通，責任包含 [1] 制定支付業界的交易標準 [2] 支援會員（例如協助銀行發卡與推廣）[3] 制定與收單行合作的費用

而發卡組織可以分成 2 大類：[1] 自己不發卡、只授權銀行發卡：VISA、Master Card、JCB、中國銀聯卡 [2] 自己發卡、也授權銀行發卡：美國運通、大來卡

● 1.1.4 支付處理業者（Payment processor）

負責和收單行溝通，商店一定要在支付處理業者的平台上註冊，才能接受消費者的刷卡交易。

卡片中 90% 的內容可以直接複製貼上，接著調整語句上下文、使其通順即可。

使用這樣的寫作方式，可以快速地完成文章段落。

3-2. 依序完成每個卡片串列

重複步驟 3-1，最後你會寫出多個文章段落。

以整份索引筆記（下圖 1）為例，最終我寫出了 4 個大段落（1.1 - 1.4），20 個小段落。大綱如下圖：

大綱

1.1 支付網絡中的 4 個重要角色
    1.1.1 發卡銀行 (Issuing bank)
    1.1.2 收單銀行 (Acquiring ba...
    1.1.3 發卡組織/支付網絡 (Pa...
    1.1.4 支付處理業者 (Paymen...
1.2 支付種類 (Payment Types)
    1.2.1 整合卡 (Co-badged car...
    1.2.2 聯名卡 (Co-branded ca...
    1.2.3 信用卡 (Credit cards)
    1.2.4 借記卡 (Debit cards)
    1.2.5 預付卡 (Prepaid cards)
    1.2.6 商店會員卡 (Private la...
    1.2.7 準現金 (Quasi-cash)
1.3 信用卡知識
    1.3.1 刷卡交易的 2 大分類 - ...

1.3.2 驗證交易
1.3.3 保護機制
1.4 支付流程
    1.4.1 授權 (Authorization)
        1.4.1.1 支付流程說明
    1.4.2 捕獲 (Capture/ Payme...
        1.4.2.1 捕獲流程
    1.4.3 取消 (Void)
    1.4.4 銷售 (Sales)
        Single Message
        Dual Message
    1.4.5 清算/結算 (Settlement)
    1.4.6 貸項/貸記 (Credits)

產出的報告大綱

這樣一來，我們就將一份產業分析報告解構，並用自己的觀點重組出一份能分享的文件了。

恭喜！你對整份報告的理解程度，已經上升到更高層次。

3-3. 這份報告就是簡報大綱，可以再輕鬆轉換成簡報

有了一份完全用自己的話語寫出來的文件，你可以再快速轉換成簡報與同事分享。

怎麼作呢？只要依序將大綱結構、轉換成投影片的段落就好了。以下是文件與簡報的對應

- 支付網絡中的 4 個重要角色→重點 1
- 支付種類→重點 2
- 信用卡知識→重點 3
- 支付流程→重點 4

每個重點就是簡報中的一個大段落，段落中的小節內容分別就是文件中的小標。以下是文件與簡報的對應。

重點 1- 支付網絡中的 4 個重要角色

- 發卡銀行→小節 1
- 收單銀行→小節 2
- 發卡組織 / 支付網絡銀行→小節 3
- 支付處理業者→小節 4

重點 2- 支付種類

- 整合卡 → 小節 1
- 聯名卡 → 小節 2
- 信用卡 → 小節 3
- 借記卡 → 小節 4
- 預付卡 → 小節 5
- 商店會員卡 → 小節 6
- 準現金 → 小節 7

重點 3- 信用卡知識

- 刷卡交易的 2 大分類 - card present & card-not-present → 小節 1
- 驗證交易 → 小節 2
- 保護機制 → 小節 3

重點 4- 支付流程

- 授權 → 小節 1
- 捕獲 → 小節 2
- 取消 → 小節 3
- 銷售 → 小節 4
- 清算 / 結算 → 小節 5
- 貸項 / 貸記 → 小節 6

有了清晰的架構，做一份專業報告的分享簡報就不是困難的任務了！

■ 掌握卡片盒筆記 3 大步驟，有效率閱讀資料、摘要重點、寫成報告！

複習卡片盒筆記的 3 大步驟

- ◎ 閱讀報告：一邊閱讀報告，一邊用自己的話將理解寫成卡片。
- ◎ 更新索引：建立索引筆記，將寫下來的每一張卡片、用「複製內部連結」的方式保存到索引筆記中。
- ◎ 產出報告：觀察卡片串列，將每一個串列的內容寫成一個小章節，然後組合成一份報告。

別再害怕閱讀與寫報告了，馬上把老闆最近要你讀的產業報告拿出來試試看吧！

24 【實戰案例】老師如何使用卡片盒筆記法備課與做教學講義？

目標

你是一位學校老師／課程講師，讀完這個章節後，能夠輕鬆地準備一堂課程，又能夠提升課程內容的品質。

「好煩呀…又要備課了！」

這個心聲我相信有當過老師、或是日常有需要準備教學內容的你，再清楚不過了。

準備一堂課程的教材是一件非常累人的事情，因為…

- 首先，必須從各種來源如實體書、電子書、YouTube 影片、電子報、網路文章…等吸收資訊。
- 接下來，轉換成用自己理解的方式說出來。
- 最後，依照學生適合的學習順序安排課程。

這中間要不斷重複「輸入／處理／輸出資訊」的循環，碰到這麼

多的資訊要整理，我相信身為老師的你頭都快爆炸了。甚至會犯下拖延症的毛病，直到要上課的前一週才緊急備課，弄得自己好緊張⋯

如何持續推進自己的備課進度，並且產出教學內容與講義呢？

這個章節我將以自己的「Obsidian 學習包」線上課程（連結：https://bit.ly/3WFFOVW）作為範例，示範我是如何透過卡片盒筆記法準備長達 3 小時的線上課程、以及 21 課的課程學習講義。

一共有 4 大步驟

- 閱讀資訊（寫卡片）
- 更新索引（存卡片）
- 產出文章（用卡片）
- 產出課程（用文章）

■ 步驟 1. 寫卡片

1—1. 尋找 YouTube、網路文章、書籍作為教學教材

這裡可分成兩種情況說明：

- 狀況 1. 已經有現成資料來源
- 狀況 2. 沒有現成資料來源

・狀況 1. 已經有現成資料來源

如果你是學校老師，已經有現成的教科書可以參考，可以跳過這個步驟。

- **狀況 2. 沒有現成資料來源**

如果你沒有固定課綱，必須自己網羅所有的資訊，可以參考下方的做法。

我們要做的第一步，是先盤點在我們要教學的主題上，有多少的資訊來源可以利用。

可能是

- 網路文章
- 電子書
- 實體書
- YouTube
- 網路文章
- 電子報
- 社群貼文
- 跟朋友聊天
- …

盤點完畢後，可以對每個寫下的資訊來源尋找合適的數位工具來閱讀。

由於數位工具繁多，我將自己使用的數位工具與操作教學放在〈數位工具資源〉文章中（連結：https://www.chichu.co/resources），有需要的朋友可以再去閱讀。

1−2. 閱讀資訊來源，寫下自己的想法，可以使用Lumanian bib card

開始閱讀資訊來源。每一種資訊來源雖然學習媒介不同，可能用聽的、用看的、用讀的，但我們做筆記的方法都是一樣的，使用〈我寫筆記的 3 種方法〉章節中教的 3 種筆記方法。

這裡我以自己學習「YouTube -〈Folders or Links? The ACCESS Approach〉by Nick Milo」為例。我使用 Lumannian bib card 的方式，記錄影片中重要的段落

Note

- 03:17 ☑ 透過雙軸矩陣 Knowledge/Action x Folders/Links 來區分不同的知識管理架構
  - 02:56 ☑ Word 單純用資料夾管理文件
  - 03:08 ☑ Wikipedia 用連結管理知識
  - 03:39 ☑ GTD 用資料夾 (管理 Projects) 管理 Action
  - 04:12 ☑ Zettelkasten 之所以沒有偏向 Knowledge，是因為 Index-1 Zettelkasten 是一個對話夥伴，而不是一個個人維基百科
  - 05:02 ☑ 2.1f2a Johnny Decimal 是資料夾管理知識用的、PPV 可以去了解一下，是用在 Notion 管理資料庫用的，但主要偏向是管理 Action
- 06:51 ☑ ACCESS
  - 07:07 ☑ Atlas 是用來管理 2.1b4 少楠對於個人知識管理的重要想法 - 母題 的，例如 1.4e MOC。簡單說就是自己最終想完成的主題
  - 07:39 ☑ Calendar 是用來管理時間相關的紀錄，例如 Daily note, log
  - 08:08 ☑ Cards 是用來管理卡片的，我覺得這個概念蠻好的，其實把 3 種狀態都放在這裡管理就好 …
  - 08:56 ☑ Extra 用來管理附件的 …
  - 09:07 ☑ Sources 用來管理外部來源的文件 …
  - 10:01 ☑ Spaces 可以分成 Life / Work 兩大塊，可以想成是專案，因為他非常有行動性 (actionable) …

Lumannian bib card 範例

在看完整段影片後，我會開始回憶每個時間戳（timestamp）的重點。

1–3. 寫成卡片

使用萬能筆記法，將時間戳上的重點寫成卡片。

以上方的 Lumanian bib card 為例，寫成卡片後變成

ACCESS 是一種個人知識管理的分類架構

Nick Milo 提出的筆記檔案管理方式，可以分成（1）Atlas（2）Calendars（3）Cards（4）Extra（5）Source（6）Space。我將會在 Obsidian 中建立 6 個資料夾來實作這個觀念。

參考來源：Folders or Links? The ACCESS Approach

太好了，可以進入第二步驟將卡片保存起來了！

備註：若你發現寫下很多的時間戳與筆記，可參考〈【實戰案例】職場上班族如何使用卡片盒筆記法寫報告、作簡報？〉中「摘要段落內容」的小節概念，將多個時間戳與筆記合併寫成 1-2 張卡片即可。

■ 步驟 2. 更新索引：將卡片依序更新到索引筆記中

2−1. 開立一則索引筆記，同時在 Cards 資料夾新增一個子資料夾

在筆記軟體中建立一則「索引筆記」，我們要將寫出來的卡片都收納進去。

在〈開始存放卡片（1）– 建立卡片索引編號〉章節中，我提到先建立「先編列大的主題號碼」，例如：

- 1 卡片盒筆記法
- 2 個人知識管理
- 3 生活
- …

以上方的卡片「ACCESS 是一種個人知識管理的分類架構」來說，它屬於一種個人知識管理的方法，因此我們在下一步會將卡片收納至「Index 2- 個人知識管理」索引筆記中。

Index-2 個人知識管理

索引筆記範例

2−2. 將卡片收納進索引筆記中

每寫完一張卡片，就使用在 Part II 中講的「卡片編碼」原則替卡片命名。

例如：

- 第一張卡片：完全不用考慮，命名為 1.1 後貼入到索引筆記中
- 第二張卡片：觀念跟「第一張卡片」有關聯嗎？如果有，命名為 1.1a 並縮排放在 1.1 卡片的下方；如果沒有，命名為 1.2 並放在 1.1 的下方
- 第三張卡片：重複上方步驟
- …

由於「ACCESS 是一種個人知識管理的分類架構」屬於「Index 2- 個人知識管理」，因此要使用編號 2 開始命名。

我觀察目前「Index 2- 個人知識管理」的卡片，發現：

- 「ACCESS 是一種個人知識管理的分類架構」跟「2.1f2 MECE 是什麼」最有關（因為都是在講資訊如何分類）
- 但已經存在了「2.1f2a Johnny Decimal」這張卡片了

因此將卡片命名為「2.1f2b ACCESS 是一種個人知識管理的分類架構」。

接著利用筆記軟體中的「複製內部連結」功能，將卡片連結貼入到索引筆記中。以 Obsidian 為例，即為下方的文字（任何數位筆記，都能實現這樣的整理流程喔！）。

- 2.1f2 MECE 是什麼？
  - 2.1f2a Johnny Decimal
    - 2.1f2a1 杜威十進位分類法
      - 2.1f2a1a 台灣中文圖書編碼

將「2.1f2b ACCESS 是一種個人知識管理的分類架構」
放到索引筆記中

寫卡片寫了一段時間後，你會得到一份「依據概念關聯性排序」
的索引筆記，如下方：

- 2.1b 每個人的個人知識管理系統
  - 呂江濤
    - 2.1b1 Get Information Done (呂江濤的個人知識管理系統)
  - 我的個人知識管理系統
    - 2.1b2 Q-個人知識管理系統是什麼
      - 2.1b2a A-我對於建立知識體系的想法
        - 建立個人知識管理的優點
          - 2.1b2a1 練習建立個人的知識體系架構，可以讓自己對於專業領域的掌握度更高、對知識點的了解更加通透
        - 個人知識管理的目的
          - 2.1b2a2 知識管理的目的是找到一個自己感興趣的主題，並且用知識管理的方法更高效率地學習與產出

依據卡片編碼原則，排序寫好的卡片

我習慣在 2-3 的卡片串列上方，加註文字說明「這個串列是在
紀錄什麼」。以上面的圖片為例：

241

- 2.1b 串列 → 不同人的個人知識管理方法
- 2.1b1 串列 → 呂江濤的個人知識管理方法
- 2.1b2 串列 → 我（朱騏）的個人知識管理方法

未來我在加入新卡片時，就能快速定位要在哪個串列下加入卡片。

2-3. 將卡片移動到相對應的資料夾

參考〈【階段二】建立儲存結構（1）- 建立 ACCESS 資料夾結構〉章節，我會在 Cards 資料夾下新增名為「2 個人知識管理」的資料夾，並將「2.1f2b ACCESS 是一種個人知識管理的分類架構」移動到該資料中。

Cards 資料夾中的子資料夾

將卡片移動到「2 個人知識管理」資料夾中

到這邊為止，我們就完成了卡片的歸檔。

■ 步驟 3. 產出文章

3-1. 重複步驟 2，直到你發現一個卡片串列有 3 張（含）以上的卡片

經過一段時間後 （例如 2 個禮拜），當你發現一個卡片串列有 3 張以上的卡片時，就可以準備開始寫文章了。

此時你會有個奢侈的煩惱：主題太多啦，我到底要先寫哪一個卡片串列的文章呢？

別忘記我們的初衷：準備一堂課程的教學內容與教學講義！

我的目標是做出一堂「Obsidian 筆記軟體」課程，因此應該優先將相關的卡片串列寫成文章。在我的卡片盒中，是「Index 8-Obsidian」紀錄跟 Obsidian 有關的卡片。

在經過密集的學習與寫卡片後，我已經累積可觀的卡片串列了。

- 8.1 Obsidian Plugin
  - 8.1a 使用 Dataviewjs 條列出尚未創造筆記的內部連結 (unresolved link)，可以用來觀察需要建立關鍵字筆記的內容
- *應用-Obsidian 和卡片盒筆記法的關係*
  - 8.2 用 Obsidian 實作卡片盒筆記法
    - 8.2a 分享 Obsidian 的使用方式時，要從卡片盒筆記法開始說起
      - 8.2a1 在卡片盒中使用 Random note (隨機漫步) 刺激自己的靈感
    - 8.2b QA-如何實作 RPG 冒險的方式包裝 Obsidian 的學習地圖？
      - 8.2b1 用RPG冒險的方式包裝 Obsidian 的學習地圖
- *Obsidian 的連結功能*
  - 8.3 Q-該如何使用 Obsidian 的連結功能？
    - 8.3a 新興筆記軟體的雙向連結對我們要底有什麼意義？
      - 8.3a1 雙向連結可以替 Local Graph View 增加脈絡
        - 8.3a1a 在卡片盒中使用 Local graph view 看到卡片之間的思考脈絡，並使用問題卡片作為寫作靈感的觸發
- *Obsidian 的檔案結構與管理*
  - 8.4 如何管理 Obsidian 的筆記結構？
    - 8.4a 把自己產生的洞見放到 Obsidian，不要當知識的搬運工收集原始資訊
      - 8.4a1 Obsidian 是一個思考工具，不是輸出工具
        - 8.4a1a Obsidian沒有價值的舊筆記，應該要當雜草去除
    - 8.4b 使用名詞筆記收攏概念
      - 8.4b1 加入來源筆記記錄資訊來源與原始筆記
      - 8.4b2 永久卡片其實就是觀念筆記 + 問題筆記的結合
      - 8.4b3 我在 Obsidian 中使用標籤來代表資料的資料來源 (Source),筆記狀態 (Status), 筆記類型 (Type)
      - 8.4b4 整理 Obsidian 中的知識儲存單位，包含卡片、MOC、MOM、Topic
        - 8.4b4a 在卡片盒筆記法中整理卡片串列 thread 的技巧，釐清寫作與整理卡片之間的關係
    - 8.4c Q-在 Obsidian 的 Cards 中加入 Folder，是否可以透過 Local Graph View 看到卡片發展的狀況？
    - 8.4d 如果是尚未經過自己消化的資訊，要加入到 Obsidian 中必須放到 Space 下
- *Obsidian 中跟 Markdown 文件格式有關的內容*
  - 8.5 批量修改 Obsidian 筆記的方法
    - 8.5a Q-YAML 是什麼？
    - 8.5b Regular Expression
- *Obsidian 與其他雙向鏈結筆記的差異*
  - 8.6 Obsidian,Roam Research,Logseq 到底有什麼差別？
- 8.7 QA-有哪些內容可以製作成 Template 呢？
- 8.8 Obsidian Task Plugin 查詢語法整理

Obsidian 的卡片索引筆記

3-2. 將每一個卡片串列的內容，寫成一篇文章

每一個卡片串列，都可以寫成一篇長約 1000 - 1500 字的文章。

例如下方的 3 張卡片：

Obsidian 中跟 Markdown 文件格式有關的內容

幫助我寫下〈【Obsidian 使用教學】筆記篇 09—Markdown 沒有想像中那麼難，只需要學會這 3 個語法就能上手 Markdown〉。

3-3. 依序完成每個卡片串列，直到你可以產出一份課程大綱

重複步驟 3-2，最後你會寫出一系列的主題文章。

以整份索引筆記為例，最終我產出了〈【Obsidian 使用教學】總目錄 — 持續更新中〉一系列的文章。其中以「基礎篇 — Obsidian 全新手從這裡開始讀」的 5 篇文章為主要內容、外加一些我收集的操作範例，就足夠我製作本次的 Obsidian 課程了。參考下圖：

1. 基礎篇 | Obsidian 全新手從這裡開始讀

- 【Obsidian 使用教學】基礎篇 01 — 認識預設介面與基礎功能
- 【Obsidian 使用教學】基礎篇 02 — 認識「設定選單」與我的設定建議
- 【Obsidian 使用教學】基礎篇 03 — 認識「主題」與 CSS 客製化設定
- 【Obsidian 使用教學】基礎篇 04 — 做好筆記備份，使用 iCloud 和 Google Drive 進行雙重備份
- 【Obsidian 使用教學】基礎篇 05 — 如何調整 Obsidian App 設定檔？讓 Obsidian App 擁有自己的外觀主題與插件

基礎篇——Obsidian 全新手從這裡開始讀

接下來，我們準備製作課程大綱與講義吧！

■ 步驟 4. 產出課程（用文章）

4−1. 從基礎到進階，將文章內容依序排列

想像我們在搭一座橋，目標是將學生從 A 地（不會某個主題）帶領到 B 地（學會某個主題），我們應該如何循序漸進？

以〈Obsidian 學習包〉為例，我打算按照下方的步驟依序教學 Obsidian 的使用方式：

- 基礎介紹
- 應用介紹
- Markdown 和 Obsidian 語法教學
- 流程應用

1. 基礎介紹

- 更換語言
- 建立 Obsidian 資料夾與檔案
- 筆記區域介紹
  - 快捷功能列
  - 檔案管理區
  - 編輯面板
  - 反向連結面板
- 設定選單
  - 編輯器
  - 檔案與鏈接
  - 外觀
  - 帳戶
  - 核心外掛
  - 第三方外掛

2. 應用介紹

- Workspace 介紹
- 模板應用
- 快捷鍵設定

3. Basic Markdown & Obsidian 語法介紹

- 基礎 Markdown 語法
- Obsidian 特殊語法介紹

4. 流程應用 - 日記 + 周復盤流程 + 模板

- 每日日記模板
- 結合 Notion 進行每週復盤

Obsidian 教學大綱

有了大綱後，設計課程內容與教學講義就簡單了。

4-2. 製作教學課程內容

以步驟 3-1 寫的文章內容為基底，開始製作課程內容。

例如課程中的〈Lesson. 3 筆記編輯區域 _ 快捷功能列〉的內容，就是以文章〈【Obsidian 使用教學】基礎篇 01 — 認識預設介面與基礎功能〉作為影片逐字稿，直接翻拍而成。

文章內的每一個小標，就是該支影片中分段操作的小節。

4-3. 製作教學文件內容

文章內容除了可以用來製作教學影片 / 簡報，也能夠用來製作教學講義。

我依照下方的結構，設計我的教學講義：

- 內容預覽：這個章節要學什麼
- 學習目標：看完這個章節的內容後，你要能夠完成什麼任務
- 課程影片：實際操作教學
- 參考資料：補充文章或學習資源

Lesson 3. 筆記區域介紹 - 快捷功能列

1. 內容預覽

這個章節要學什麼？
Obsidian 面板的最左側功能列

範例
區域 ①

2. 學習目標

看完這個章節的內容後，你要能夠完成什麼任務？

☐ 了解快捷功能列的功能
☐ 了解如何開啟/關閉快捷功能列上的功能

影片 / 步驟

注意事項

- 快捷功能列的顯示項目會根據你在 Lesson 8. 編輯器, Lesson 11. 核心外掛, Lesson 12. 第三方外掛 的設定而改變，本節課程先介紹 Obsidian 預設的項目，詳細內容會在這三節課介紹。

3. 參考資料

Zettelkasten卡片盒筆記法，建立知識連結網路來活用筆記 | 文章 ↗

課程講義 Lesson. 3 筆記編輯區域快捷功能列

因為有文章當作課程的基底，製作的講義內容能夠更符合想要達成的教學效果。

■ 善用此章節 4 大步驟，推進備課進度，產出教學內容與講義！

複習此章節的 4 大步驟

- 閱讀資訊：閱讀資訊來源，寫下筆記並轉換成卡片
- 更新索引：建立索引筆記，將寫下來的每一張卡片、用「複製內部連結」的方式保存到索引筆記中。
- 產出文章：觀察卡片串列，將每一個串列的內容寫成一篇 1,000 - 1,500 字的文章
- 產出課程：以文章作為準備課程的基底，依序製作課程內容與教學講義

按照這 4 個步驟，讓你備課變得輕鬆又能提升課程品質。

---

1. Obsidian 學習包的課程連結：
   https://henrychu.gumroad.com/l/obsidianlearningkit

2. 數位工具資源頁面：
   https://www.chichu.co/resources

3. Folders or Links? The ACCESS Approach：
   https://www.youtube.com/watch?v=p0zWJ−TLghw

4. 〈【Obsidian 使用教學】筆記篇 09 — Markdown 沒有想像中那麼難，只需要學會這 3 個語法就能上手 Markdown〉文章連結：https://bit.ly/3L4C3G8

5. 〈【Obsidian 使用教學】總目錄 — 持續更新中〉文章
   連結：https://bit.ly/3LYTi9P

6. 〈Lesson. 3 筆記編輯區域 _ 快捷功能列〉影片連結：
   https://www.youtube.com/watch?v=ij12SwApAfs

7. 〈【Obsidian 使用教學】基礎篇 01 — 認識預設介面與
   基礎功能〉文章連結：https://bit.ly/3EVNRqU

25 【實戰案例】學生如何使用卡片盒筆記法來準備考試？

目標

　　你是一位學生，正在讀書準備考取國際證照。讀完這個章節後，你將能把考試書籍、考古題的內容都深刻記憶到你的腦中，取得好成績。

　　「為什麼課本念了很多遍，但是考試時還是記不起來呀！」

　　許多同學在準備考試時，會拿螢光筆畫線、反覆默念這些畫線重點。腦袋以為都記熟了，但考試的時候還是記不起來自己讀過的內容。

　　畫線與默念，無法產生好的學習效果。

　　這個章節我將以自己在準備PMP（國際專案管理師）證照為例，示範如何使用卡片盒筆記法＋數位工具Anki，在考試當天拿下高分成績（見下方）。

我在 2021 的 PMP 考試成績

　　我們要解決的問題是：**如何牢記書本上的重點，在考試時發揮讀書的效果？**

　　這個章節只會用到書籍 Part I 的「寫卡片」技巧。一共有兩大部分、6 個步驟：

254

- **讀考試書籍**
  - 讀書，並寫下 HQ&A 筆記
  - 輸入，將 HQ&A 筆記存到 Anki
  - 複習，使用 Anki 複習

- **刷考古題目**
  - 刷題，掌握考試的感覺
  - 檢討，將答錯的題目輸入到 Anki
  - 統計，加強複習答錯題數最多的章節

第 1 部分：讀考試書籍

先講如何使用「寫卡片」的方式讀書，可以分成 3 點：

  - 讀書，並寫下 HQ&A 筆記
  - 輸入，將 HQ&A 筆記輸入到 Anki
  - 複習，使用 Anki 複習書籍重點

- **步驟 1. 讀書，並寫下 HQ&A 筆記**

閱讀考試書籍的內容，邊針對劃線重點寫下 HQ&A 筆記。

多數同學（包含過去的我自己）喜歡拿著一枝螢光筆，看到重點就畫線、默念、畫線、默念、畫線、默念⋯。一個章節看過去了，但闔上書本後能記住的重點沒幾個。

為什麼會這樣呢？因為只劃線，我們沒辦法隨時檢視自己的學習成效。

你這樣想嘛：「什麼時候才會知道自己有沒有讀進去呢？」答案是：考試、做練習題時。當我們看到一個問題、可以用自己的話說出來時，才算是真正理解了問題想問的觀念。

那怎麼做，讀書時才可以"隨時"檢驗自己的成效呢？我們可以利用 HQ&A 筆記法。

HQ&A 筆記法是一種包含「問題」與「回答」的筆記方法，例如：

- 問題：專案經理的一天有哪些工作？
- 回答：（1）收集需求 （2）管理利益關係人的期望 （3）處理專案限制

看到了嗎？課本上的內容只會告訴我們：

專案經理的一天會有 3 種工作：（1）收集需求（2）管理利益關係人的期望（3）處理專案限制。

但是我們可以自己出題目、自己考自己呀！

當我們發現這個段落的內容很重要，就用 HQ&A 筆記來測驗自己吧！

P.S. HQ&A 筆記詳細介紹，請參考「【階段二】記錄筆記（2）－我寫筆記的 3 種方法

步驟 2. 輸入,將 HQ&A 筆記存到 Anki

Anki 是一個數位工具,功能是幫助我們記憶重要的知識。

你曾經使用過英文單字卡(Flashcards)嗎?英文單自卡之所以好用,是因為「與其在大考前拼死硬記一堆課本單字,不如將單字寫在卡片上時常複習」。

Anki 其實就是一張張的卡片,正面寫著題目 / 想記住的知識、背面寫著答案 / 資料出處。例如下方是我針對 PMP 考試所寫的 Anki 卡片:

PMBOK Guide 中 10 個 knowledge area 分別是什麼?

- integration
- scope
- schedule
- cost
- quality
- resources
- communications
- risk
- procurement
- stakeholder
➡ PMP knowledge area

Anki 卡片範例

發現了嗎,Anki 卡片的格式不就是 HQ&A 筆記嗎?我們只要將「問題」寫在卡片正面、「答案」寫在卡片反面,就能利用數位工具方便複習考試內容了!

步驟 3. 複習，使用 Anki 複習書籍重點

將 HQ & A 筆記輸入到 Anki 後，就能隨時隨地複習。

我們可以在

- 搭捷運時複習
- 學校／公司午休時複習

在家吃飽飯後複習這項工具的好處就是「將學習轉變成隨時隨地、少量多餐」。

Anki 會將單字卡存到電腦與手機中，透過「雲端同步」到其他有連上網的裝置。例如下圖是我對 PMP 考試書籍所寫的卡片。

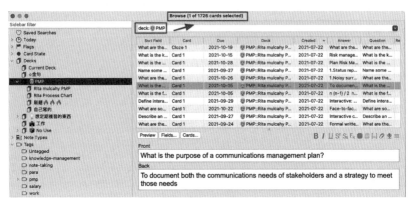

我針對 PMP 考試書籍所寫的單字卡數量

如果你想要學習更多 Anki 的操作技巧，可以參考《英、日語同步 Anki 自學法》。

■ 第 2 部分：刷考古題目

講完了讀書，接下來分享如何刷考古。分為 3 點：

- 刷題，掌握考試的感覺
- 檢討，將答錯的題目輸入到 Anki
- 統計，加強複習答錯題數最多的章節

步驟 4. 刷題，掌握考試的感覺

如果要通過考試，單純讀書是不夠的，還必須靠大量寫題目來培養解題的感覺。

例如我在準備 PMP 考試時，一共花了 3 個月刷了 2000 題。每天刷題大概要花 4 小時的時間，時間分配是：

- 2 小時寫 100 題（考前 1 個月）
- 2 小時檢討 100 題

你不用像我這麼瘋狂，但關鍵是：透過寫題目來培養答題手感。

步驟 5. 檢討，將答錯的題目輸入到 Anki

寫完考古題後，答錯的題目同樣可以輸入到 Anki 進行複習，下一次寫題目時可以表現的更好。

輸入方式跟讀書時相同：將「問題」寫在卡片正面、「答案」寫在卡片反面，就能利用 Anki 方便複習錯誤題目了！

為了讓複習更有效率，我會用「標籤」替答錯的題目分類。

寫錯的題目可以分成 3 類：

- **粗心**：看錯選項、看錯題目、誤解題目意思。
- **觀念**：我們沒有搞懂該章節的內容，因此無法正確回答的題目。
- **名詞定義**：PMP 的專有名詞很多，自己不熟悉、忘記、記錯的題目，都屬於這類。

將錯誤的題目分類，可以讓我們更了解容易寫錯的考題類型，並針對弱點加強。

例如：

- **粗心**：檢討為什麼粗心。是關鍵字沒看正確？寫題目沒看完 4 個答案就選擇？選錯答案？思考自己這一次粗心的點是什麼，下一次避免犯錯。
- **觀念**：檢討「考試單位希望考生選擇的答案」跟「我認為的答案」有什麼落差。例如 PMP 考試希望我選擇一個 "教科書答案"，但我會以工作中的 "實務經驗" 來回答，中間的認知差異在考試時要特別注意。
- **名詞定義**：檢討這一題的名詞屬於哪一個章節。若一個章節的問題錯太多，表示這一章節的概念還不熟，需要再回去翻閱課本。

我們可將答錯的題目記錄到 Anki，並利用標籤功能標記犯錯的類型。

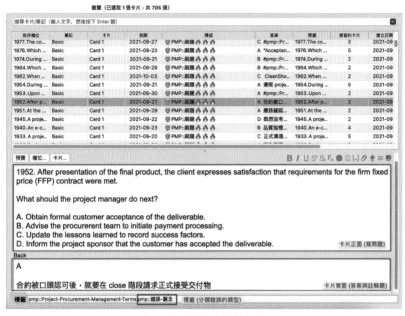

用 Anki 紀錄錯誤的題目

這樣複習考古題,更有效率!

步驟 6. 統計,加強複習答錯題數最多的章節

這一步是 Anki 的進階使用方法。

我們在 Anki 中,可以標記答錯的題目屬於哪個章節,這樣就能統計哪一個章節錯最多、最不熟悉。

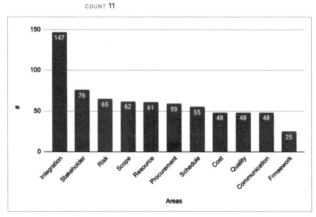

統計自己錯誤最多的前 3 名章節

考前沒有這麼多時間複習嗎？藉由統計 Anki 中每個章節的錯誤題數，選出錯誤數量前 3 名的章節優先複習即可。

這樣做，就能在有限時間內達到最有效率的複習。

■ 把 HQ&A 筆記和 ANKI 加入考試工具箱，有效準備考試吧！

複習本章節的兩大部分、6 大步驟：

- **讀考試書籍：**

    1. 讀書，並寫下 HQ&A 筆記

    2. 輸入，將 HQ&A 筆記存到 Anki

    3. 複習，使用 Anki 複習

- **刷考古題目：**

    1. 刷題，掌握考試的感覺

    2. 檢討，將答錯的題目輸入到 Anki

    3. 統計，加強複習答錯題數最多的章節

試試看，你會發現準備考試的效率大幅提升！

[1] 《英、日語同步 Anki 自學法》書籍連結：https://www.books.com.tw/products/0010740471

26 【實戰案例】自媒體創作者 如何使用卡片盒筆記法, 吸收網路資訊並創作內容?

目標

你是一位自媒體創作者,讀完這個章節後,能夠將平時在網路文章、電子報、YouTube、Podcast、實體書、電子書、社群媒體…等內容,經過消化並寫下筆記、用這些內容產出源源不絕的創作內容。

自媒體創作者太辛苦了。

我們需要快速吸收各種內容、來獲得創意的靈感,例如網路文章、電子報、YouTube、Podcast、實體書、電子書、社交媒體上的各種貼文。

還沒結束!

我們需要消化這些內容、並轉換成自己的觀點,再使用不同的創作形式與其他人分享。

　　儘管我們會寫筆記、甚至用數位工具保存這些資訊來源，但當資訊太多時還是會變得一團亂、很難加以整理，更不用說將過去寫下的靈感拿出來再利用。

　　如果我們能將自己看過的內容、寫下來的筆記都作為創作的題材，源源不絕的產出內容的話，那該有多好啊！但問題是，怎麼做呢？

　　答案當然還是：卡片盒筆記法。

　　有 3 大步驟

- ◎ 吸收資訊內容，並寫下卡片（寫卡片）
- ◎ 寫下卡片編號，並觀察串列（存卡片）
- ◎ 觀察卡片串列，並產出內容（用卡片）

　　這篇文章以閱讀 Facebook 貼文為例，分享我如何利用寫下的卡片來寫文章，甚至作為其他形式的創作內容草稿（例如 Podcast 節目內容、YouTube 影片腳本、線上課程的教學內容）。

■ 步驟 1. 吸收資訊內容，並寫下卡片

　　要創作出好內容，必須先吸收優質資料內容、增加自己的靈感與知識。

1－1. 閱讀貼文，寫成卡片

　　社群平台上有許多的好貼文，我會將自己最有感的內容寫成卡片。

這裡示範直接寫卡片。因為閱讀貼文時，只要內容中有一段話打中我們，就可以把那段話當作觀點、透過「萬能寫作法」來寫卡片了。

以孫治華老師的〈內容更新頻率 vs 精品思維？你需要日更嗎？〉的貼文為例，我寫下以下內容。

孫治華老師說不需要日更，原因有 4 點要考量：

- 個案是全職還是兼職做？
- 個案有幾年的專業資歷，我有幾年
- 個案有無收費？是他的主營收嗎？
- 個案是否有一定的社群數量？

因為創作者應該要考量內容發佈策略的品質，日更為了寫而寫反而不利。

1–2. 存入到 Obsidian Inbox，有空在進行整理

當我寫完卡片後，我會：

- 在 Obsidian 中建立一則新筆記檔案。
- 將卡片內容直接貼上。
- 加上 Facebook 的貼文連結（提醒我是在哪一篇貼文看到這個想法）。

孫治華老師說不要日更，因為創作者應該要考量內容發佈策略的品質

👤 孫治華 老師說不需要日更，原因有4點要考量：

1. 個案是全職還是兼職做？
2. 個案有幾年的專業資歷，我有幾年
3. 個案有無收費？是他的主營收嗎？
4. 個案是否有一定的社群數量？

因為創作者應該要考量內容發佈策略的品質，日更為了寫而寫反而不利。

H1 **Reference**

https://www.facebook.com/641791437/posts/pfbid026MfnDtan6etGWkSPqBbgm24cufkTTbD9WcLFuY6giFs6RAXPNKi71o88uNbs1fjul/?d=n

卡片內容

這張卡片會存放在 Inbox 資料夾，等我 2–3 天累積一定數量的卡片後，再一次進行下個步驟的處理。

寫好的卡片會先放在 Inbox 資料夾

■ 步驟 2. 寫下卡片編號，並觀察串列

等到要處理卡片時，我們要將 Inbox 中的卡片依序更新到索引筆記中，並將卡片放到對應的資料夾中。

按照下面的步驟。

2-1. 開立一則索引筆記，同時在 Cards 資料夾新增一個子資料夾

在筆記軟體中建立一則「索引筆記」，我們要將寫出來的卡片都收納進去。

在〈開始存放卡片（1）－建立卡片索引編號〉章節中，我提到先建立「先編列大的主題號碼」，例如：

- 1 卡片盒筆記法
- 2 個人知識管理
- 3 生活
- …
- 9 寫作
- …

以上方的卡片「孫治華老師說不要日更，因為創作者應該要考量內容發佈策略的品質」來說，它屬於對寫作頻率的看法，因此我會將卡片收納至「Index 9- 寫作」這則索引筆記中。

2-2. 將卡片收進索引筆記中

每寫完一張卡片，就使用在 Part II 中講的「卡片編碼」原則替卡片命名。

例如

- **第一張卡片**：完全不用考慮，命名為 1.1 後貼入到索引筆記中

- **第二張卡片**：觀念跟「第一張卡片」有關聯嗎？如果有，命名為 1.1a 並縮排放在 1.1 卡片的下方；如果沒有，命名為 1.2 並放在 1.1 的下方

- **第三張卡片**：重複上方步驟

- …由於「孫治華老師說不要日更，因為創作者應該要考量內容發佈策略的品質」屬於「Index9- 寫作」，因此要使用編號 9 開始命名。

我觀察目前「Index 9- 寫作」的卡片，發現「孫治華老師說不要日更，因為創作者應該要考量內容發佈策略的品質」跟「9.6 網路寫作是什麼」最有關，因此將卡片命名為「9.6a 孫治華老師說不要日更，因為創作者應該要考量內容發佈策略的品質」。

接著利用筆記軟體中的「複製內部連結」功能，將卡片連結貼入到索引筆記中。以 Obsidian 為例，即為下方的文字：

- <u>孫治華老師說不要日更，因為創作者應該要考量內容發佈策略的品質</u>

將卡片的內部連結，貼到索引筆記中

2-3. 將卡片移動到相對應的資料夾

參考〈【階段二】建立儲存結構（1）- 建立 ACCESS 資料夾結構〉章節，我會在 Cards 資料夾下新增名為「9 寫作」的資料夾，並將「9.6a 孫治華老師說不要日更，因為創作者應該要考量內容發佈策略的品質」移動到該資料中。

到這邊為止，我們就完成了卡片的歸檔。

將卡片放至 Cards/9 寫作的資料夾中

■ 步驟 3. 觀察卡片串列，並產出內容

最後一個步驟，是要定期檢查索引筆記、觀察卡片串列的紀錄狀況，並將卡片串列寫成「文章」。

P.S. 我是以「文章」作為最後產出的創作者，因此這邊以「文章」作為案例解說。

如果你的創作產出不是以「文章」為主，下方的步驟同樣可以幫助你。例如：

- 聲音：例如音頻講稿、Podcast 講稿
- 影片：例如 YouTube 腳本、直播腳本
- 圖像：例如簡報逐字稿、圖卡想法草稿

● …

最終再轉換成你平時的創作產出即可。

3-1. 觀察卡片串列，一個串列只要有 3 張以上（含）的卡片，就可以拿來寫文章了

隨著我們寫下的卡片愈多，索引筆記中的卡片串列也會愈來愈長，當發現有 3 張以上（含）的卡片，就可以拿來寫文章了。

例如過了一陣子，我發現 9.6a1 這個關於「日更寫作」的串列已經有 4 張卡片了，我就可以用這些卡片寫一篇文章的內容了。

● *關於日更的看法*
  ● 9.6a 孫治華老師說不要日更，因為創作者應該要考量內容發佈策略的品質
    ● 9.6a1 要不要日更，跟目的很有關係
      ● 9.6a1a 我想寫作分享，是因為寫作的表達慾
      ● 9.6a1b Q-為什麼我支持要日更？

9.6a1 卡片串列

一篇文章可以分成：

● 標題

● 前言

● 內容

結尾 9.6a1 這個串列的卡片將成為我的「內容」。

至於標題、前言、結尾怎麼寫呢？請看下方的步驟。

3－2. 完成一篇文章的前言、結尾、標題

• 前言：

我使用麥肯錫的 SCQA 框架，撰寫吸引人閱讀的文章前言。SCQA 分別代表：

- **Situation**（情境）：我做這件事情的經驗來源是什麼、我憑什麼寫出這篇文章？
- **Complication**（衝突）：我發現／意識到什麼事情很重要，不解決就會產生大麻煩？
- **Question**（問題）：這篇文章要解決的問題是什麼？
- **Answer**（答案）：我克服問題的步驟／心法／方法是什麼？

每一篇文章的前言，我一定都會回答這 4 個問題。以 9.6a1 這個卡片串列，我寫下了以下的 SCQA：

- Situation（情境）：我自己嘗試日更 2 年了
- Complication（衝突）：我發現市面上有許多的人對「日更」抱持不同看法，導致寫作新手無所適從
- Question（問題）：所以我們到底要不要日更
- Answer（答案）：就是卡片的「內容」

- S：我自己嘗試日更2年了
- C：我發現市面上有許多的人對「日更」抱持不同看法，導致寫作新手無所適從
- Q：所以我們到底要不要日更
- A
- 正方：于為暢老師覺得量多才能產生質變
- 反方：9.6a 孫治華老師說不要日更，因為創作者應該要考量內容發佈策略的品質
- 我的看法
  - 論點1：9.6a1 要不要日更，跟目的很有關係
  - 論點2：9.6a1a 我想寫作分享，是因為寫作的表達慾
  - 論點3：9.6a1b Q-為什麼我支持要日更？

SCQA 草稿

- **內容：**

卡片串列中的每一張卡片，都可以作為文章內容的草稿。

例如上方提到的 9.6a1 串列，就有 4 張卡片可以用來寫「我對日更的看法」這篇文章。

> - 9.6a 孫治華老師說不要日更，因為創作者應該要考量內容發佈策略的品質
> - 9.6a1 要不要日更，跟目的很有關係
> - 9.6a1a 我想寫作分享，是因為寫作的表達慾
> - 9.6a1bQ- 為什麼我支持要日更？

每一張卡片的內容如下。

【卡片 1】9.6a 孫治華老師說不要日更，因為創作者應該要考量內容發佈策略的品質

9.6a 卡片內容

【卡片 2】9.6a1 要不要日更，跟目的很有關係

9.6a1 要不要日更，跟目的很有關係

我反對「不日更」的看法，因為這個假設是「少=文章品質好」。

但在考慮文章品質前，我們應該問自己一個重要問題：日更的目的是什麼？

要不要日更，其實跟「目的」很有關係。因為

- 如果是要培養流量、只寫專業主題當然很難日更。
- 但如果是為了培養寫作的敏銳度，不限主題的寫，就會很好日更。說到底，這就是觀察與感受的紀錄，一個人一天活動的時間有16小時，食衣住行育樂難道沒有東西好寫嗎？

Reference
反對 9.6a 孫治華老師說不要日更，因為創作者應該要考量內容發佈策略的品質 的個人觀點

9.6a1 卡片內容

【卡片 3】9.6a1a 我想寫作分享，是因為寫作的表達慾

9.6a1a 我想寫作分享，是因為寫作的表達慾

原來想要分享產品、工作流的表達慾，就只是單純的「我想要把這個好產品、一套比較有效率的做事方法」分享給大家而已。

所以有時候不必想太多，分享文章就是一種表達慾的彰顯罷了。

Reference
https://sspai.com/post/71587

9.6a 卡片內容

【卡片 4】9.6a1bQ-為什麼我支持要日更？

9.6a1b Q-為什麼我支持要日更？

因為透過大量寫文章，來找出自己的 Content Bucket

- 我不知道要寫什麼？用數據告訴妳
- 在不同的平台方發布看數據
- 將數據表現好的主題，合集成 Pillar Pieces (精英文章)
- 建立網站，開始做付費產品

Reference

9.6a1b 卡片內容

在步驟 3–3，我會展示如何使用這些卡片來創作內容。

總結

替整篇文章作總結。

我寫總結的習慣，是重新複述「內容」中的卡片標題。例如：

複習這篇文章的內容，我談到

- 要不要日更，跟目的很有關係
- 我想寫作分享，是因為寫作的表達慾
- Q- 為什麼我支持要日更？

日更好處多多，一起加入提升自己的寫作能力吧！

標題

寫完文章的前言、內容與總結後，最後來寫標題。

一個好的標題，必須回答 3 個問題：

- Who：寫給誰看
- What：內容是關於什麼
- Why：讀者為什麼要看、看完了可以獲得什麼

針對這篇文章，我的回答是：

- Who：寫給想開始在網路上寫點文章的人、對「日更議題」
  有興趣的創作者
- What：若要在網路上寫文章，到底要不要日更
- Why：3 個我支持要日更的看法

3－3. 寫成文章

綜合上述內容，我們就可以寫成一篇文章了！下面我來示範給你看。

P.S. 為了讓文章的前後文通順，我會調整、刪減卡片的內容，因此你會發現下方的文章、跟步驟 3－2 的內容有些許不同。

【為什麼我們應該每天在網路上寫作？寫給想開始在網路上寫點文章的人，3 個我支持要日更的理由】

在自媒體寫作中，有一個時常被大家討論的問題：

創作者到底要不要日更？

我自己在 2020-2022 連續日更 2 年，對這個議題感觸很深。

我發現市面上有許多的人對「日更」抱持不同看法，導致寫作新手無所適從。例如下方是我收集到對於「日更」的正方與反方意見。

- 要日更

  人物：創作者于為暢老師

  出處：《一人創富》

  論點：日更就是確保你的「寫作肌群」有耐力和爆發力，藉由每天寫點什麼，來維持你的思考銳利、靈感充沛，你內建的「成長心態」會逼你找到正確的方式，一步一腳印的前進。

- 不要日更

  人物：講師孫治華老師

  出處：Facebook 貼文 [1]

  論點：不需要日更，因為創作者應該要考量內容發佈策略的品質，日更為了寫而寫反而不利。

  所以，我們到底該不該日更呢？

  下面我分享 3 個理由，支持你應該該日更。分別是：

- 要不要日更，跟目的很有關係
- 我想寫作分享，是因為寫作的表達慾
- 透過日更，找出自己能寫、自己想寫、別人想看的主題

理由 1. 要不要日更，跟目的很有關係

我反對「不日更」的看法，因為這個假設是「少 = 文章品質好」。

但在考慮文章品質前，我們應該問自己一個重要問題：日更的目的是什麼？

要不要日更，其實跟「目的」很有關係。因為

* 如果是要培養流量、只寫專業主題當然很難日更。
* 但如果是為了培養寫作的敏銳度，不限主題的寫，就會很好日更。說到底，這就是觀察與感受的紀錄，一個人一天活動的時間有 16 小時，食衣住行育樂難道沒有東西好寫嗎？

理由 2. 我想寫作分享，是因為寫作的表達慾

寫作，其實是個人表達慾望的彰顯。

例如我喜歡分享自己使用數位產品的工作流，就只是單純的「我想要把一個好產品、一套有效率的做事方法」分享給大家而已。

所以有時候不必想太多，分享文章就是一種表達慾的彰顯罷了。

理由 3. 透過日更，找出自己能寫、自己想寫、別人想看的主題

不知道自己該寫什麼主題嗎，我們可以透過日更來尋找。

透過大量寫文章、大量在社群平台上發表文章，就能找出自己的主題方向。因為我們可以觀察網友對貼文的反應，例如

- 按讚
- 留言
- 分享

這些都是驗證自己的想法是否符合大眾胃口的數據。當我們的寫作時間有限，只要優先寫網友感興趣的主題文章即可。

所以，我鼓勵日更來建立你的寫作觀點

複習這篇文章的內容，我談到

- 要不要日更，跟目的很有關係
- 我想寫作分享，是因為寫作的表達慾
- Q- 為什麼我支持要日更？

日更好處多多，一起加入提升自己的寫作能力吧！

■ 重複這 3 大步驟，讓你產出源源不絕的內容！

複習這 3 個步驟

- 吸收資訊內容，寫下卡片
- 寫下卡片編號，觀察串列
- 觀察卡片串列，產出內容

熟練了這套流程後，你就能不斷地創作出高品質的內容！

[1] 〈內容更新頻率 vs 精品思維？你需要日更嗎？〉：https://bit.ly/3q6Zs0W

後記

在完成這本書的過程中,我深刻感受到很多人的幫忙與支持。

首先,我想分享一下我為什麼要寫這本書以及它對讀者的意義:寫作帶給我的回報真的太多了,我希望能把這個概念分享給你 – 只要持續地寫,就會得到回報與成果。透過寫作,我們也能在人生的疑惑中找到答案。

接著,我想向幾位特別的人表示感謝:

- 爸媽:謝謝你們從小鼓勵我要持續學習與分享,並且教會我面對艱難的任務必須保持堅持的態度,這本書是寫給你們的。
- 老婆:謝謝你成為我最堅強的後盾,在我結婚後晚上都在寫書的時候容忍我,還在我心思脆弱的時候給予我支持與想法。
- 永錫: 感謝老師替我和 Esor 牽線,因此才有機會出版這本書。更感謝你引薦我與遠流出版社陳希林編輯認識,進一步參與《卡片盒筆記》書籍內容校訂,和作者 Sönke Ahrens 有更多交流。
- Esor:感謝你幫我出版這本書,給予我寶貴的建議,讓這本書能從自媒體創作者擴展到老師、學生、職場上班族等知識

工作者，幫助到更多的人（能跟自己的偶像合作，真的太不可思議了）！

- 啟樺：知識交流上的好朋友！我們因為 Obsidian 結緣、因為寫作而深入交流。這本書的許多想法與流程，是因為和你討論而激盪出的火花。

- 慶麒：謝謝你擔任我的早期試讀者，認真看完 21 章節的內容後，給了我非常多具體的改進建議，讓我可以在出版這本書的時候將內容解釋得更容易懂。

- Edna：公司好同事，超強的 UI/UX Designer！謝謝你跟我一起進行使用者訪談以及製作逐字稿，把軟體開發中的「使用者訪談」帶到撰寫書籍的過程，真的太酷了！

- 冠宏、佳樺、伯元：感謝你們在下班之餘，願意接受我和 Edna 的訪談。你們的個人經驗分享，包括使用筆記軟體的困境、在知識管理上遇到的痛點，都對我撰寫書籍有莫大的幫助。

再次感謝所有給予我支持與幫助的人，也感謝你願意花時間閱讀這本書。

如果你想要關注我的寫作、個人知識管理的最新想法，歡迎透過下方的連結關注我：

- 課程：未來會陸續開設「卡片盒筆記 × 數位筆記軟體」的線上 / 實體課程，活動資訊都會放在這邊 -> www.chichu.co/course

- Medium：專門分享我的最新想法，這是我的公開筆記，我

喜歡 Write in public（在大眾面前磨練觀點） -> https://
chuhenry.medium.com

- 個人部落格：我對於自媒體寫作、個人知識管理、個人品牌經營的完整思考，內容會比 Medium 更完整與有系統
https://blog.chichu.co

希望這本書能為你的寫作、知識管理帶來新的啟示，讓你在人生道路上更加堅定、充實。

若有任何問題，歡迎透過 admin@chichu.co 與我聯繫！

掃描 QRCode，獲得本書延伸學習內容

- ◉ Notion、Obsidian 實戰卡片盒筆記法教學影片

- ◉ 數位版個人知識管理流程圖

- ◉ 還有其他隱藏學習活動、社團與驚喜！

- ◉ 詳情請點擊網址查看：https://bit.ly/digital_zettelkasten

【View 職場力】2AB968

知識複利筆記術：
卡片盒筆記法的數位應用實戰指南

作　　者	朱騏	香港發行所	城邦（香港）出版集團有限公司
責任編輯	黃鐘毅		香港灣仔駱克道 193 號東超商業
版面構成	江麗姿		中心 1 樓
封面設計	任宥騰		電話：（852）25086231
行銷企劃	辛政遠、楊惠潔		傳真：（852）25789337
			E-mail：hkcite@biznetvigator.com
總 編 輯	姚蜀芸		
副 社 長	黃錫鉉	馬新發行所	城邦（馬新）出版集團
總 經 理	吳濱伶		Cite (M) Sdn Bhd
發 行 人	何飛鵬		41, Jalan Radin Anum, Bandar Baru
出　　版	電腦人文化		Sri Petaling, 57000 Kuala Lumpur,
發　　行	城邦文化事業股份有限公司		Malaysia.
	歡迎光臨城邦讀書花園		電話：（603）90563833
	網址：www.cite.com.tw		傳真：（603）90576622
			E-mail：services@cite.my
印　　刷	凱林彩印股份有限公司		
	2024 年 4 月 2 版 2 刷		
	Printed in Taiwan.		
定　　價	380 元		

客戶服務中心

地址：10483 台北市中山區民生東路二段 141 號 B1
服務電話：（02）2500-7718、（02）2500-7719
服務時間：周一至周五 9：30 ～ 18：00
24 小時傳真專線：（02）2500-1990 ～ 3
E-mail：service@readingclub.com.tw

若書籍外觀有破損、缺頁、裝釘錯誤等不完整現象，
想要換書、退書，或您有大量購書的需求服務，都
請與客服中心聯繫。

· 詢問書籍問題前，請註明您所購買的書名及書
號，以及在哪一頁有問題，以便我們能加快處理
速度為您服務。

· 我們的回答範圍，恕僅限書籍本身問題及內容撰
寫不清楚的地方，關於軟體、硬體本身的問題及
衍生的操作狀況，請向原廠商洽詢處理。

· 廠商合作、作者投稿、讀者意見回饋，請至：
FB 粉絲團 http://www.facebook.com /InnoFair
E-mail 信箱 ifbook@hmg.com.tw

國家圖書館出版品預行編目（CIP）資料

知識複利筆記術：卡片盒筆記法的數位應用
實戰指南 / 朱騏 著 .- 初版 .- 臺北市：創
意市集出版；城邦文化發行，2023.7
面； 公分

ISBN 978-626-7336-09-0（平裝）

1.CST: 筆記法 2.CST: 知識管理

019.2 112008999